サビールの祈り

パレスチナ解放の神学

ナイム・アティーク　岩城 聰［訳］

教文館

A Palestinian Theology of Liberation
The Bible, Justice, and the Palestine-Israel Conflict
by Naim Stifan Ateek

日本語版への推薦の言葉

エルサレム・中東聖公会首座主教　スヘイル・ダワニ

ナイム・アティーク司祭の最新の本を推薦することは、大きな名誉です。ナイム司祭は聖地における教会に奉仕し、パレスチナの人々に対する彼の支持は、世代をこえて人々を励まし続けてきました。彼は、知的な緻密さと正義感とを結びつけることによって、まさにこの地の預言者の働きをしています。パレスチナ人社会が国際的に認められ、自治国家として繁栄することを求める長く複雑な闘いの歴史をパレスチナ人は持っています。ナイム司祭の神学は、パレスチナと全世界の教会が、神の愛に包まれ自由であること、そして私たちが神の子であるとはどういうことかの理解を深める助けとなるものです。みなさんが本書を味わって読むだけでなく、自身が置かれている状況の中で、どんな苦しみがあろうとも神の愛と、神の愛に根ざしたアイデンティティは決して消えることがないことを知り、みなさんの信仰が強められますように。本書がその助けとなることを祈っています。

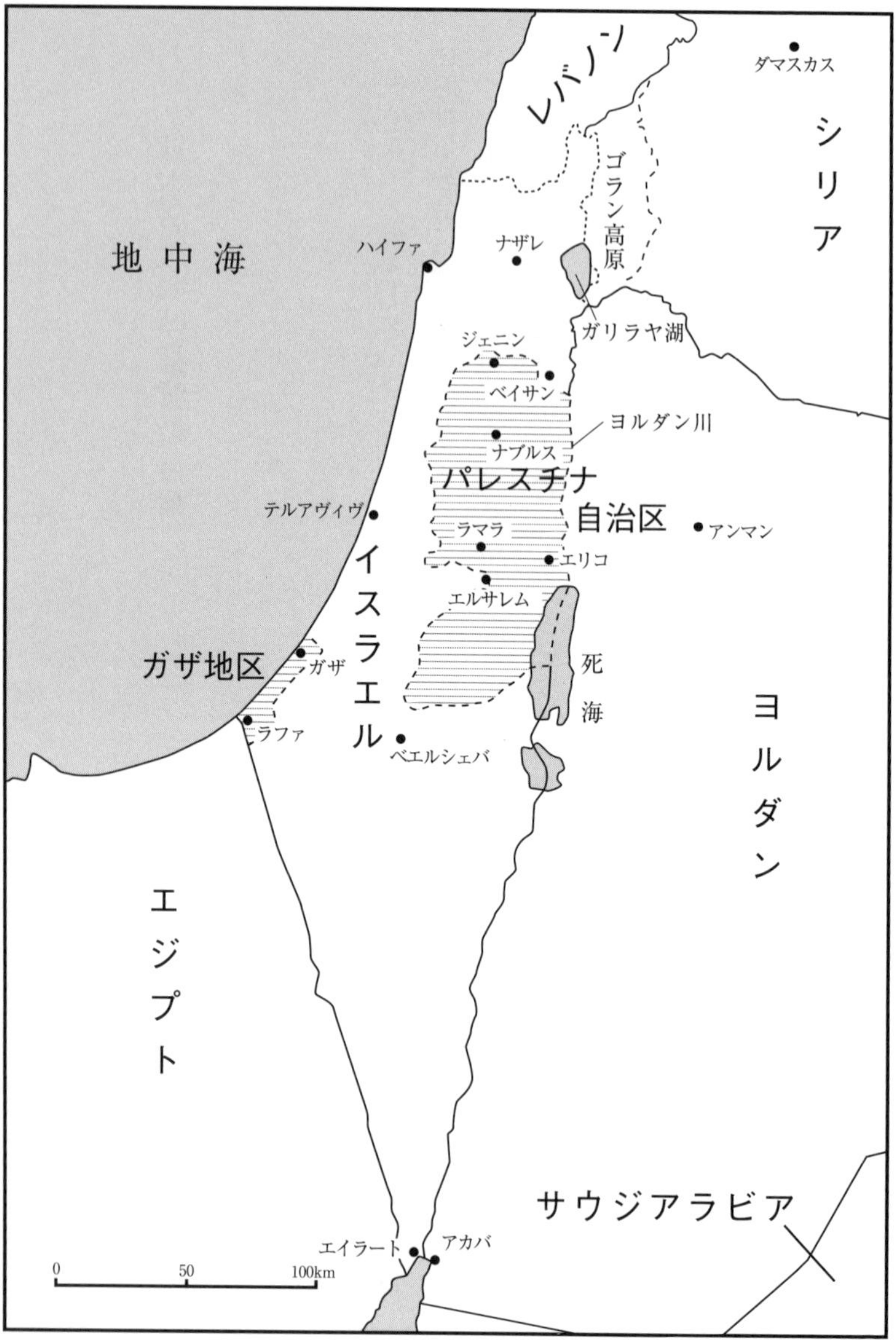
レバノン
ダマスカス
シリア
ゴラン高原
地中海
ハイファ
ナザレ
ガリラヤ湖
ジェニン
ベイサン
ヨルダン川
ナブルス
パレスチナ自治区
テルアヴィヴ
ラマラ
エリコ
アンマン
イスラエル
エルサレム
ガザ地区
ガザ
死海
ヨルダン
ラファ
ベエルシェバ
エジプト
サウジアラビア
エイラート
アカバ
0
50
100km

目次

装丁写真　吉松さち子
装　　丁　桂川　潤

サビールの祈り

――パレスチナ解放の神学

謝辞

本書の刊行には多くの人が直接、間接に関わっています。

特筆すべきなのは、三人の方です。「サビール」〔第9章参照〕の共同設立者であるセダール・デュアイビスは、原稿の編集、細部と神学的・政治的正確さに対する注意深い点検で欠くことのできない助けを、さらに本書の刊行に至るさまざまな問題についての励ましと助言を与えてくれました。彼女の働きに感謝の意を表します。

ティナ・ホワイトヘッドは貴重なコンピュータの専門的技術によって貢献してくれました。彼女もまた、編集と資料のチェック、そしてオービス出版社に送られた原稿の最終仕上げに関わってくれました。

エルサレムのスコットランド国教会〔長老派〕聖アンドリューズ教会牧師、パライック・レアモン師は、教会での責任を抱えているにもかかわらず、優れた原稿編集技術を用い、さらに資料を再編し、明確で簡潔なものに仕上げてくれました。

彼らの一人ひとりに、深い謝意を表します。

本書刊行プロセスの当初、「サビール」事務局のオマール・ハラミとマリー・クレール・クラッセンが研究を始動し、本書の一部を執筆してくれました。彼らの働きと熱意によって、このプロジェクトは大きな刺激を与えられました。この二人に対しても、私は心からの謝意を表します。

以下の友人たちは、本書のプロジェクトに経済的な支援をしてくれました。彼らの一人ひとりに、大きな感謝を捧げます。また、本書の刊行を実現するのが大幅に遅れたことをお詫びします。これらの人々の忍耐と信頼、確信に感謝します。それは、ファヘド・アブー・アケル師、スーザン・ベル、フィリップおよびシンシア・ベンソン、ジム・ベテル師、バーバラ・バーンズ、スタンレー・ファウラー師およびジーン・ファウラー、ジェニファーおよびジョン・グロブナー、バーバラ・ヒューストン、エリザベスおよびジョン・メイフィールド、ダレル・メイヤーズ師、グレース・セド、リチャード・トール師、ピーター・A・トゥループ、ジェームズ・M・ウォールの各氏です。

「サビール」の共同設立者の一人、サミア・クーリー、「サビール」のシニア・スタッフでありプログラム調整者であるソーサン・ビタールをはじめとするその他の友人たちも、私を励まし、支援してくれました。また、私がエルサレムの聖ジョージ大聖堂のゲストハウスに宿泊したときに常に誠心誠意もてなしてくださったスヘイル・ダワニ大主教とセント・ジョージ・カレッジ、および同大学の前学長グレッグ・ジェンクスと副学長スーザン・ルーケンスに感謝の意を表します。

オービス出版社と同社社長ロバート・エルスバーグ、そのスタッフが友情と支援を与え、素晴らしいプロフェッショナルな仕事をしてくれたことに感謝します。

私の妻マハが、絶えず激励し、犠牲を払ってくれたことに、愛と感謝を捧げます。

最後に、私の絶えることのない感謝を、神の恵みと愛に捧げるものです。

序言

ウォルター・ブルッゲマン

「約束の土地」の終わることのない惨状に、私たちは大きな注意を払わなければなりません。同時にその状況を前にしては平和的で正当な結果に対するいかなる希望も持つことはできません。パレスチナにおける事実はひどく悲しいものです。しかしながら、欧米の想像力に対してその惨状を都合よく描き出しているのはイスラエルのイデオロギーです。そのイデオロギーに支配されることで、それらの事実は一層理解しがたいものになっています。つまり、私たちが欧米で受け取るほとんどすべての情報（誤情報）はアメリカのキリスト教の多くを虜にし、結果としてアメリカの政策を虜にしているシオニストのイデオロギー的利害のフィルターを通っています。そのような認識では、パレスチナ人の現在の惨状は見えないままであり、歴史的・社会的現実に根ざしたパレスチナ人の正当な要求は表には浮かび上がってきません。

イデオロギーによって悪化させられている状況に直面して、本書の著者ナイム・アティークは非常に長い間正直で信仰深い証人であり続けています。パレスチナの聖公会信徒・聖職として、彼は約束の土地における現実の社会的・政治的行為を非常によく知っています。そして彼は、キリスト教・聖書的伝統がいかにその政治的現実にのしかかっているかを知っています。アティークは解放の解釈学について考察を進めてきましたが、それはパレスチナ人の利益だけでなく、すべての側、つまりイスラエル人にもパレスチナ人にも利益となる実現可能な正義に基づく平和を射程に収めています。今回の著作はその継続なのです。彼の証言によって、シオニストの主張が支配する中では全く姿を見せない「他者」（パレスチナ人）の正統性を認めないシオニスト・イデオロギーは覆されることになるでしょう。

アティークの著述の中心にあるのは、一九四八年のイスラエル国家の設立によってパレスチナ人に押しつけられた三重の「ナクバ（大惨事）」です。この大惨事はパレスチナ人がその住まいと土地を失い、貧困と難民状態に陥《おとしい》れられた人間に対する災厄でした。またこの大惨事は、シオニストがパレスチナの文化と歴史、記憶を消去しようとしたために、パレスチナ人のアイデンティティを脅かしました。そして、それは信仰の大惨事でした。

イスラエル国家の設立は大激震として、多くの人々の信仰の基礎そのものを揺り動かしました。

約束の土地についての欧米における偏向した物語のゆえに、パレスチナ人を襲った深刻な大惨事を認識し信じることは、不可能ではないにせよ明らかに困難になっています。

一九四八年の劇的な変化への序章として、アティークは簡潔で説得力のあるパレスチナについての物語を提供しています。それは、宗教的運動と政治的干渉を伴う欧米によるこの地域への侵略に深い根をもっています。イスラエル国家の設立で頂点に達した歴史についてのアティークの論述は、バルフォア宣言の路線に関する欧米帝国主義の物語とは非常に違っています。この宣言において欧米（大英帝国とアメリカ合衆国）はパレスチナ人の視野にある歴史的現実とは全く異なる非常にあいまいな動機によって突き動かされ、間違った約束をするという過ちを犯しました。このように、パレスチナの大惨事は遡ることができる系譜を持っています。しかしながら、この系譜は、その動機と結果を解明するよりは、むしろそれらを告発するものになるのです。新しい国家のための努力の多くは、ホロコーストのゆえに欧米がユダヤ人に対して抱いている罪悪感に基づいています。

アティークの著述の大部分は、シオニストの主張を権威づけてきた聖書的・宗教的資料を再考することにあてられています。そしてそのことが、正義に基づく平和へと向かう道筋を私たちに示すことになるとアティークは提示しているのです。したがって彼の著書は、シオニストの主張に役立つテキストと、その逆を語るテキストの双方を扱っています。シオニズムは無批判な絶対論によって覇権主義的な主張を裏づけ、約束の土地に対するユダヤ人の権利を認め、さらにその土地を所有し維持するために暴力を用いるべきだと主張していますが、それを正当化する聖書的テキストを見つけることができるというのは驚くに当たりません。「選び」の主張を伴う一連の聖書の証言は、神の約束が「一部の人々」のためであり、「すべての人々」のためではないということ、またその約束の「一部」が容易に人種的・部族的主張に変えられてしまうということを意味しています。アティークはそのようなテキストがシオニズムの一部の目に、民族浄化と民族絶滅が正統性をもつ行為であることをいかに正当化するものとなっているかを明らかにしています。そのようなテキストが、イデオロギー的に無批判に読まれるならば、選びの主張に含まれていない人々の土地を暴力によって奪うことを正当化し、まさにそのような結果をもたらすのは明白です。

シオニズムをそれほどまでに正当化するテキストに対して、アティークは「キリスト」こそがその代案に至る鍵であることを提示しています。それは、キリストがパレスチナ人を支持しているからではなく、キリストの教えの中にパレスチナ人もイスラエル人も含むすべての人々を広く受け入れるということが含まれているからです。キリストの福音についてのアティークの読み方は、「一部」から「すべて」への移行、特権的な部族主義の拒否、すべての当事者が参加する正義に基づく平和の展望を意味しています。アティークの著述には、ユダヤ人の共同体を超える神の広大な働きの一部としてイエスの物語を考えることが含まれています。彼はイエスの働きを他でもなく「偉大な革命」と呼んでいます。この革命は、すべての偏狭な主張を覆すものであり、全世界に対する神の愛と、隣人を愛さないなら神を愛することはできないという真理とに関わっています。

アティークはイスラエルの聖書が、新約聖書においていかに根本的に再解釈されているかを示しています。彼はイエスが古いテキストの新しい読み方をいかに説いているか、パウロ（ガラテヤの信徒への手紙とローマの信徒への手紙）がいかにアブラハムを多くの諸国民の父として描いているか、そしてヨハネがいかにイエスの光に照らして創造の出来事を読み直しているかに注意を払っています。これらの新しい読み方のそれぞれは、古いテキストが信任を与えているように思える部族主義を遥かに超えています。このように、聖書に関して言えば、どのテキストをいかに読むべきかに関する論争を繰り広げています。もちろんシオニストの読者は新約聖書による再解釈には全く関心を抱いていませんが、希望を与えてくれるのは、ユダヤ人の読者の中にもへブライ語聖書（旧約聖書）そのものにおいて起こっているテキストの根本的な再解釈に関心を抱いている人々がいるということです。アティークが望んでいるのは、キリスト者が自身の聖書にもっと注意を払うということです。なぜなら、そうすることによって、今キリスト者の間であまりにも幅をきかしている誤情報にあふれたイデオロギーを乗り越えることができるからです。それはシオニストを改宗させることではなく、アティークがここで語りかけているキリスト者を回心させることなのです。

アティークは最後に、社会的現実に具体的な関心をもつよう呼びかけています。イスラエル政府が「二国家解決策」にリップサービスを与える一方で、入植地の拡大を抑制したり、解決に向けた行動をとったりすることに、いかなる関心も持っていないということをアティークは知っています。実に、イスラエル政府は和平を求めるふりをしてはいますが、正義に基づく平和には全く関心がないのが事実です。

イスラエルは決して二国家解決策を完全に受け入れたことはなく、土地の没収と入植地の建設によって、この解決策を日々掘り崩しています。実際には、イスラエルはこの選択肢を意図的に破壊しようとしているのです。

疑いようのないこの現実に直面して、アティークはパレスチナ解放の神学の確立と、エキュメニカルな解放の神学センターとしての「サビール」の未来に力を注いでいます。サビールは、パレスチナ人と連帯し、正義に基づく平和のために働き希望を託している人々の世界的な運動になっています。

本書は真実を語るアドボカシー〔社会的弱者が直面している問題を広く世に訴え、事態の改善を求めること〕の一つの大胆な企てです。それはイスラエル・イデオロギーの虚構と対峙して、真実を語ります。それは主として欧米の態度とアメリカの政策を支配している誤情報のただ中で語ります。それは、隣人の問いを軸とする約束の土地におけるエキュメニカルな非暴力運動への招きです。本書は私たちをイデオロギーの殻から抜け出させ、代案となる未来の利益となる行動へと招いています。エルサレムにおける平和が実現しない限り、世界における平和——あるいは「近東」における平和——はないということは確かです。私たちはまだ「平和への道をわきまえていない」(ルカ一九・四二)のです。この重要な著作は私たちにとって大きな学びとなるでしょうし、それに対しては欧米のあらゆる教派のキリスト者が注意を払わなければならないのです。

二〇一七年四月一二日　コロンビア神学校にて

はじめに

二〇世紀は暴力と紛争という点で最も悲劇的な世紀でした。二次にわたる世界大戦に加えて、一連の恐るべき悲劇が起こりました。いくつかを挙げるだけでも、アルメニア人大虐殺、ユダヤ人のホロコースト、パレスチナのナクバ（破局・大惨事）、ルワンダ大虐殺が浮かんできます。パレスチナのナクバが解決を見出すのにこんなにも長い時間がかかるなどとは誰も想像することができませんでした。二〇一七年はこの大いなる悲劇から七〇年目に当たります。事実、私の人生の大半はイスラエル政府による不正義と差別、私たちパレスチナ人に対するイスラエルの抑圧の下での生活でした。

一九四八年、私はヨルダン川に近い人口六〇〇〇人のパレスチナの町ベイサン〔訳注〕に暮らす少年でした。ベイサンはムスリムとキリスト者が入り混じって生活する町であり、そこには東方正教会、ローマ・カトリック、およびイングランド教会すなわち聖公会という三つの教会に属する活力のあるキリスト教共同体が存在していました。私は故郷の町に暮らした懐かしい記憶を大切にしています。私の父親は金銀細工師として成功していました。彼は一九二〇年代にナブルス〔聖書のシケム近くの町〕からベイサンに転居し、土地を買い、三軒の家を建てました。神は父に一〇人の子どもを与えてくださいました。私は八番目です。私たちはベイサンで非常に気持ちよく暮らしていました。それは美味な果物と野菜に恵まれた美しい町でした。近接した山々から流れ出る澄んだ泉があり、住民の土地と菜園を潤していました。私は今でもわが家の菜園と、父が植え、家族皆で楽しんださまざまな果物のことを覚えています。

ベイサン……旧約聖書では「ベト・シェアン」（新共同訳。ヨシュア一七・一一他）と記される。

一九四八年五月にシオニストの民兵がベイサンに侵入し、占領したときから、私たちの生活は一変しました。多くの住民は恐れて逃げましたが、家に留まった人々もいました。私の父は決して町を去ろうとはしませんでした。彼は司令官に留まらせてくれるように頼みましたが、司令官の命令は明白でした。それは、すべての者に出て行けというものでした。民族浄化だったのです。私たちは銃を向けられ強制的に家を追い払われ、町の中心部に集まるように命令されました。兵士たちは私たちをムスリムとキリスト者の二つのグループに分け、ムスリムはベイサンから数マイル東のヨルダンの田舎に送られました。キリスト者はバスに乗せられ、ナザレの郊外に連れて行かれました。そこで彼らは町の外に放り出され、二度と故郷に帰ることを許されませんでした。

私たちがナザレに着いたとき、近隣の村落からの数十万のパレスチナ人が同じ運命をたどっていることを知りました。彼らも恐怖のあまり逃げるか、強制的に立ち退かされるかして、ナザレに避難してきたのです。突然にして、ナザレの人口は膨大なものに膨れあがりました。他の家族と同様に、私たちの家族にとっても、自分の家と自分の土地で快適に暮らしていた後で難民として生きるのは辛いことでした。

一九四八年の戦争終結までに、土地を追われたパレスチナ人の数は七五万人を超えていました。欧米の多くの人々は、悲劇のこの側面に気づいていませんでした。パレスチナのアラブ人は欧米人の目にはほとんど映っていなかったのです。彼らはホロコーストの犠牲者の影に隠されていました。ホロコーストの犠牲者の苦難はますます重要視され、広く知られるようになっていました。実際、欧米の多くのキリスト者はイスラエル国家の樹立の知らせを聞いて喜んだのです。彼らはユダヤ人がパレスチナに帰還したことで神を賛美しました。彼らにとってはユダヤ人の帰還は、旧約の預言の成就の証しであり、世の終末の接近と、差し迫ったキリスト再臨の徴《しるし》だったのです。

パレスチナのアラブ人に降りかかったことについて聞いた人々が、私たちに同情することはあり得たでしょうが、もっと偉大な神の計画と、歴史に対する神の目的からすれば、戦争の中でシオニストに殺されたパレスチナ人と、土地を追われ難民となった数十万の人々は付随的被害であり、ユダヤ人の祖先の土地への帰還を通じて神が成し遂げようとしておられることと比べると小さな犠牲とされていたのです。

ベイサンにおける幼少時代の思い出、ユダヤ人シオニスト民兵による追放、ナザレにおける難民生活、それらはすべて私の魂と記憶の中に深く刻み込まれました。後になってこれらの暗い年月を振り返ってみると、父が神に対していかに強い信仰と信頼を抱いていたかに驚きます。父は、真っ暗闇の中にいるときでさえも、神が決して私たちをお見捨てにはならないと信じていました。私たちが土地を追われたとき、神は私たちと共に出かけ、ナザレでの私たちの生活に共にいてくださいました。父は神が善なるお方であることを信じ続けていましたが、人間相互の間に存在する不正義と非人間性に充分に気づいていました。

父の強い信仰は模範的なものであり、私はその同じ信仰を私にも植えつけてくださったことを神に感謝しています。同時に言っておかなければならないのは、一九世紀と二〇世紀初めに欧米の宣教師たちのほとんどが説いていた福音が、基本的には人々をイエス・キリストへの個人的信仰に導くことを目的とした福音主義的で霊的な福音であったということです。それは人々の祈りの必要と個人的道徳を訴えましたが、聖書研究は字義通りで特定の教義・信条を押しつけようとする教条主義的なものであり、目の前に迫っていた政治的脅威については何も触れず、関与することはありませんでした。宣教師の多くがシオニズムにきわめて共感的であり、ユダヤ人の祖国への帰還という考えを支持していたのではないかと私は思っています。おそらく彼らはパレスチナ・アラブ人の政治的状況についてあまりにもナイーブか無知であったのでしょう。ナクバが勃発したとき、私たちのキリスト教共同体は全く備えができていませんでした。人々の信仰は悲劇的な衝撃に耐えられるほど充分に弾力性があるとは限りませんでした。信仰を失った者もいれば、共産党に参加し、その目立った指導者になった者もいました。宣教師によって教えられた霊性は、あきらめの霊性であり、自分たちの運命を神の意志として受け入れる霊性であると彼らは感じていました。不正義に対して怒る代わりに、現地のキリスト者は沈黙し服従しました。預言者的な叫びではなく、痛みに満ちたあきらめがありました。人々は欧米のキリスト者が現地の人々の正義の大義を支持し、国際法を尊重し、難民の帰還を許すようにイスラエルに圧力をかけるものと期待していました。ところが、彼らが受けたものは慈善だけであって、正義ではなかったのです。パレスチナのキリスト者の共同体が勇気を持って権力者に対して正義と真実を語る新しい解放の神学を確立することができるようになるまでには長い年月がかかりました。

キリスト者を含むパレスチナの人々の大半にとって、解放というものの理解にはふつう武装闘争が含まれていました。「解放」という言葉には、軍事的・暴力的な意味合いが含まれていたのです。しかし、解放には武装闘争が必ず伴うというのであれば、まさにイエス・キリストの生の模範と精神である非暴力の教えと調和させることなどできるでしょうか。イエスは「平和を実現する人々は、幸いである、その人たちは神の子と呼ばれる」と言いました。暴力や不正義、抑圧に手を染める人々にとって、平和と和解の神、慈しみと憐れみの神との密接な関係を主張するのは難しいことです。

そのような難問から逃れるにはどうすればよいでしょうか。パレスチナ解放の神学は闘争に新しい理解をもたらしました。共同体の全体が非暴力を決意し、積極的にそれに関わるならば、真の解放は非暴力闘争を通じて、もっと全体論的に、真正な仕方で成し遂げられるのです。私たちは、イエス・キリストの跡に従い、その非暴力の方法を用いることによって、その途上にある茨と障碍を乗り越えて何かを成し遂げることができます。弾力性と忍耐が不可欠です。健全な組織と規律に基づくときには、とくにそうです。イエス・キリストは私たちを励まし導くことができるのです。そして私たちは国際法の基礎の上に、また新約聖書と正義・真実・非暴力についての聖書的基礎の上に、私たちの平和の神学を築くことができるのです。

まさに、わが国の不法な占領に抵抗し、ムスリム、ユダヤ人、キリスト者という、この土地のすべての人々の平和と解放を追求するのは正当なことです。私たちは抑圧されている人々の解放だけでなく、抑圧している人々の解放のためにも働かなければなりません。この課題は巨大なものですが、非暴力の最大の長所は、敵対者の人間性をも尊重するということです。パレスチナ解放の神学の出現によって、平和と正義を求める預言者の言葉が、エルサレムとこの国全体に再び響き渡ることになるのです。

＊＊＊

イエスはその誕生の時から、人類の苦悩と無縁ではありませんでした。イエスは誕生直後、無垢の幼子の虐殺から逃れ、エジプトで難民になることを余儀なくされました。イエスは当時の力あるものに迫害され、最終的には不当にも死刑の判決を受け、十字架につけられました。イエスは周縁に追いやられた人々に特別に心を寄せていました。彼の使命によって、イエスは盲目の人、重い皮膚病の人、貧しい人、女性、追放された人のところに赴きました。イエスの使命は当時の不当な社会経済的、宗教的構造に挑むものであり、民族的背景に関係なく社会のすべての階層に関わるものでした。

今日も、教会は苦しみ破れた世界のただ中に存在し続けています。毎日、戦争と飢餓、差別、暴力、貧困に直面している男女と子どもがいます。教会はこれらの必要に応える上でずっとあいまいな立場をとり続けてきました。教会が抑圧されている人々に連帯を示すことも時にはありましたが、抑圧に対して沈黙を守ったり、それと共謀したりすることもあったのです。

私たちキリスト者にとって、福音書に示されるイエス・キリストの模範は人類の兄弟姉妹に対する愛と配慮へと駆り立てるものです。この配慮とはどのようなものでしょうか。私たちは周縁に追いやられ抑圧された人々をいかにすれば最もよく愛することができるのでしょうか。言葉によっても行いによっても不正義と抑圧に立ち向かい、挑戦するということはどういうことなのでしょうか。

苦難にいかに応えうるかを考察する上で、まずイエスがどのような生を私たちに与えてくださっているかを考えてみるのがよいでしょう。

イエスは「わたしが来たのは、羊が命を受けるため、しかも豊かに受けるためである」（ヨハネ一〇・一〇）と言われました。また、パウロは「この自由を得させるために、キリストはわたしたちを自由の身にしてくださったのです。だから、しっかりしなさい。奴隷の軛《くびき》に二度とつながれてはなりません」（ガラテヤ五・一）と言いました。

キリストが私たちに与えてくださる生は、完全に満たされた生です。この充溢《じゅういつ》は決して何か遠い未来ではなく、私たちの現在の境遇において与えられているのです。キリストがすでにその死とよみがえりを通じて私たちの解放を成し遂げてくださったのですから、私たちは満たされた生に入ることができます。実際、キリストは私たちの解放者であり、キリストにおける神の意志は私たちが自由であるべきだということです。従って私たちは、確固として立ち、私たちを非人間化し、奴隷化させるいかなるものにも服従してはなりません[1]。

今日の私たちにとって、その意味は明白です。人間は誰も奴隷化されてはならないということです。奴隷化とは私たちの世界が以前から知っている古典的な意味での奴隷制には限られません。もちろん今もなおそのような忌まわしい状況に苦しんでいる人々もいるのですが。私たちは、罪と悪の奴隷となり、赦しと新しい生を必要としている何百万という人々だけではなく、権力者による不正義と抑圧によって奴隷化され、政治的解放を必要としている何百万もの人々についても語っています。支配されるという状況の下で生活している限り、人々は奴隷とされているのであり、新しい自由な生活を深刻に必要としているのです。

これは、飢えている人々に食物を与え、家のない人々に家を与え、病気の人々の世話をすることを遥かに超えることです。正義を求めるには、私たちは根底にある不平等と抑圧の権力構造に立ち向かわなければなりません。それは、なぜ世界のあるところでは人々が飢えているのに、別のところではそうでないのかという難しい問いを問うことを意味しています。また、難民を生み出す根本的な要因を批判的に明らかにすることを意味しています。さらに、命を救う医療にかかる機会が不平等であることを問題にすることを意味しています。苦難に対する私たちの応答は、基本的な必要を満たすことを超え、苦難を永続させる不正義を突き止め、抑圧的政治体制に挑み、よりいっそう正義と平等が実現される世界を目指して行動することでなければなりません。

従って、解放の神学は、聖書のメッセージの核心に注意を向けることを求めます。それによって、聖書の中にずっと記されていたのに、不幸にも無視されていた神の言葉の解放的側面を強調し、私たちがそこに焦点を当てられるようになるのです。それは神の言葉を日々の生活において私たちにもたらし、神が私たちに今日語りかけていること、神が愛し、神がイエス・キリストを送ってくださったこの世界において神がなされようとしていることに私たちの耳を傾けさせてくれます。解放の神学とは、特定の状況、とくに抑圧と、苦難、不正義が長く支配しているところに、預言者のように状況に合わせて語る一つの方法なのです。

本書の目的は、正義と平和、和解の働きに読者が積極的に加わるように促すパレスチナ解放の神学への一つの理解を提供することにあります。

第1章　世界の解放の神学

歴史と展開

一九七一年に、解放の神学の生みの親であるペルーの司祭グスタボ・グティエレスは影響力のある著作『解放の神学』を出版しました。彼が描き出した神学は、南米における貧困と苦難を目撃した彼自身の体験から生まれました。この本は貧しい人々、搾取されている人々、抑圧されている人々を第一に考え、最も弱い立場の人々を犠牲にして不正義な体制を維持するために権力を用いている人々を拒絶する必要があると強く訴えました。ブラジルの解放神学者レオナルド・ボフは「あらゆる真の神学は、歴史における神との真の出会い（……）から生まれる。解放の神学は貧者に対する不正義に信仰が直面したときに生まれた」[1]と書いています。

解放の神学は南米において初めて確立されましたが、その原理は全世界の不正義な体制に適用されてきました。この第一章ではそのそれぞれを深く考察するスペースがありません。その代わりに三つの解放の神学と批判の対象となっている抑圧体制に簡潔に光をあててみましょう。

1　〈アフリカ系アメリカ人の解放の神学〉は、白人支配のアメリカ社会における人種主義〔人種差別主義、レイシズム〕と人種的特権を批判の対象としました。それは一九六〇年代に公民権運動と共に始まり、マーティン・ルーサー・キング・ジュニアとマルコムX[2]によって鼓舞されました。アフリカ系アメリカ人の解放神学者ジェームズ・コーンは、この運動が抑圧的体制を拒否し、「あらゆる形態の人種主義の悪に対する激烈な攻撃[3]」を開始するように教会に呼びかけたと書いています。アリス・ウォーカーの著作に影響を受けたウーマニスト神学〔アフリカ系アメリカ人女性に対する抑圧からの解放を目指す神学〕は周縁化されたアフリカ系アメリカ人女性およびその他の有色人種女性の観点から、この問題を取り上げました。[4]

2　〈南アフリカにおける黒人解放の神学〉は、黒人意識向上運動を背景として、また一九七〇年代の大学におけるキリスト者の運動および一九八一年に設立されたコンテクスチュアル神学〔状況神学〕研究所[5]と結びついて出現しました。サイモン・メイメラ、マナス・ブセレジ、そしてデズモンド・ツツらが南アフリカにおける黒人の神学を確立する上で中心的な役割を果たしました。その神学はアパルトヘイトとオランダ改革派教会の人種主義的神学を批判しました。[6]

3 〈フェミニスト解放の神学〉は、女性の抑圧がそのまま置き去りにされた世界史、および教会内部における抑圧的な家父長制への応答として生まれました。ここには、ローズマリー・ラドフォード・リューサー、メアリー・デイリー、マリアンヌ・カトッポらの神学者が含まれます。フェミニスト神学者ナタリー・ワトソンは、この神学の中心的目標は「神学の概念と方法、言語、想像力を、解放のための闘いの手段と表現として、より全体論的な神学へと変容させること[7]」であると語っています。

各々の解放の神学はそれぞれ異なった不正義に焦点を当てていますが、キリスト教の中心的メッセージは自由のメッセージであり、このメッセージは各々の具体的な状況に対して力強い意味をもっているという点で共通しています。

この世界的な解放運動の中で、イスラエル政府によるパレスチナの土地の征服とパレスチナの人々に対する抑圧という不正義にキリスト教信仰が直面したときに、パレスチナ解放の神学は生まれました。パレスチナの観点からは、イスラエル国家の創設はパレスチナ人――ムスリムとキリスト者――からその土地を奪い、その代わりにユダヤ人を住まわせるというシオニズム(8)による植民地計画でした。この計画がもつ多くの特徴のうちの一つは、パレスチナの土地は専らユダヤ人のものであると主張するための道具として聖書を用いている点にあります。そのような主張は歴史的に誤りであり、神学的には根拠のないものです。聖書をシオニズムから解放することは、イエス・キリストの人格をすべての人々の解放を望んでおられる愛の神を明らかにするものであると理解することなのです。

パレスチナ解放の神学は〔現代パレスチナという〕特定の状況に語りかけていますが、それはキリストの解放のメッセージに照らして聖書を読む世界的な神学運動の一部になっているのです。

解放の神学は伝統的神学とどのような関係にあるか

長年にわたって解放の神学は神学研究の周辺に置かれていました。しかし、教皇フランシスコの着座以来、それはより注目される位置を得るようになり始めています。教皇の最初の行動の一つは、グスタボ・グティエレスをバチカンでの討論に招いたことです。二〇一四年八月、教皇フランシスコはエルサルバドル大主教オスカル・ロメロの列福禁止を解除しましたが、これはカトリック教会が解放の神学に対する新たな受容の姿勢を示したものです。この急激な転換は、伝統的神学と解放の神学の間の新しい関係の徴《きざし》となりました。

伝統的神学は多様な仕方で教えられてきましたが、たいていの大学と神学校で教えられている四つの主なカテゴリーを考慮し、解放の神学がどのようにそうした学校で神学を教える伝統的枠組みに収まるかを検討するのが有益でしょう。

○聖書神学――聖書のテキストを読み、その意味を分析する。
○歴史神学――時の経過に伴ってキリスト教の教理がいかに発展したかを考える。
○組織神学――神の属性や三位一体といった神学的諸原理を考える。
○実践神学――神学がいかに人々の生活に影響を与えるかを考える。しばしば、牧会学や道徳神学の形をとる。

解放の神学は生活と結びついた神学です。それは苦難と不正義を理解し、それに応答する一つの方法です。さらに、イエス・キリストを自分の信仰の中心に置くならば、キリストは救い主であると同時に解放者となります。キリストは私たちの共同体が直面している不正義の数々を含む生の状況を分析する助けとなるだけでなく、それらに対決する力と勇気を与えてくれます。私たちの解釈学(9)、キリストが私たちの解釈原理として、聖書、とくに旧約聖書を解釈し、理解することを助けてくれるのです。解放者としてのキリストは、私たちのキリスト教信仰についての歴史的説明を形成し、古色蒼然とした教義を批判し、再定式化するのを助けてくれます。解放の神学は私たちの実践的で道徳的な神学に課題をつきつけ、個人を超え、不正義の制度と権力構造の罪を考えさせます。解放の神学は伝統的神学のすべてのカテゴリーに直接的に収まったり、関係したりはしないかもしれませんが、それが生活という文脈、とりわけ貧しく抑圧された人々の生活から生まれるとき、依然として他の神学を再考する上でさらに私たちを助け、私たちに課題をつきつけてさえくるのです。

従って、私たちの観点からは、解放の神学こそがすべての神学の核心です。なぜならそれは、人々の日々の生活に関わり、それに関心を寄せるものだからです。

第2章
パレスチナ人キリスト者とは何者なのか

解放の神学の重要な特徴の一つは、いかにして真摯に解放の背景を取り上げるかということです。つまり、解放の神学を確立する前に、解放の根拠となる不正義を引き起こしている諸問題を真摯に、客観的に分析しなければならないのです。パレスチナを巡る紛争を考える上で、パレスチナ人とは一体全体だれなのか、そしてより具体的にはパレスチナ人キリスト者とは何者なのかを問うことが重要です。

パレスチナ人とは、太古の昔からカナン（パレスチナの古名）に住んでいた古代の諸部族の子孫です。地理的には常に古代の大帝国への通路であったことを覚えておくことは重要です。南方のエジプト大帝国と北方のさまざまな帝国との間で、パレスチナの土地あるいは周辺部で多くの戦争が行われました。パレスチナの地理的条件によって、移住者として、あるいは征服者としてやってきて留まる人々の定住化は容易なものになりました。聖書が語っているようにアブラハムは古代メソポタミア（今日のイラク）からやってきてパレスチナに住みつきました。そういう風に古代イスラエル諸部族も、すでに存在していた人々の間に住むようになりました。実際、パレスチナは常に、多くの人種的背景を持った人々の大いなる共生の土地だったのです。パレスチナは一連の帝国によって征服され、統治されました。エジプト、アッシリア、バビロニア、ペルシャ、ギリシア、ローマ、イスラムのアラブとアラブ以外の帝国、十字軍など、枚挙にいとまがありません。しかし、多民族の地元住民は悪いときにもよいときにも同様にその土地に留まり続けました。パレスチナは一度も一枚岩の国であったことはありません。パレスチナは常に、多民族、多宗教、多文化の社会でした。

ベドウィンやドルーズ〔シーア派起源の一派〕を含むパレスチナ住民のDNA分析によると、彼らはユダヤ人を含む古代パレスチナ住民の直系の子孫であることが分かっています。「ほとんどのユダヤ人集団に遺伝学上最も近い隣人はパレスチナ人、イスラエル・ベドウィン、ドルーズ、さらにそれらに加えてキプロス人を含む南ヨーロッパ人」です。[1]

パレスチナはさまざまな名称で呼ばれてきましたが、その内の二つ、つまりカナンとパレスチナが最も長期に用いられてきました。紀元二世紀以来、この国はローマによってパレスチナと呼ばれ、その住民は民族的背景の違いにかかわらず、パレスチナ人と呼ばれることになりました。しかし、この新しい名称は新しく考案されたものではありません。それは、エジプト第二〇王朝（およそ紀元前一一五〇年）に遡る地元の古代的慣習を反映しています。紀元前五世紀に、歴史の父とも呼ばれるギリシアの歴史家ヘロドトスは、フェニキアの南の国を「ペリシテのシリア」と呼び、ここからギリシア語の「パライスティナ」、そしてラテン語の「パレスチナ」が生まれました(2)。

今日パレスチナとイスラエルに住んでいるパレスチナ人キリスト者の歴史は、紀元一世紀に遡ります。イエス・キリストはパレスチナに生まれ、彼の働きは北ではガリラヤ全体にわたり、南ではエルサレムに及びました。エルサレムでの死と復活の後、教会がペンテコステの日に誕生しました。使徒言行録にはキリストの弟子たちの上に聖霊が下った様子が描かれています。

> 五旬祭の日が来て、一同が一つになって集まっていると、突然、激しい風が吹いて来るような音が天から聞こえ、彼らが座っていた家中に響いた。そして、炎のような舌が分かれ分かれに現れ、一人一人の上にとどまった。すると、一同は聖霊に満たされた。
>
> （使徒言行録二・一―四）

明らかに使徒言行録の筆者ルカは、キリストのよい知らせがいかにしてエルサレムから始まって世界に広まったのかを示そうとしたのです。そこで彼は、人々の出身地を挙げました。「エルサレムには天下のあらゆる国から帰って来た、信心深いユダヤ人が住んでいた」。彼らは「パルティア、メディア、エラムからの者がおり、また、メソポタミア、ユダヤ、カパドキア、ポントス、アジア、フリギア、パンフィリア、エジプト、キレネに接するリビア地方などに住む者もいる。また、ローマから来て滞在中の者、ユダヤ人もいれば、ユダヤ教への改宗者もおり、クレタ、アラビアから来た者」もいたというのです（使徒言行録二・五、九―一一）。

キリスト教の伝道者の働きだけでなく、これらの人々を通じて、また聖霊の力によって、福音の種はパレスチナと隣国、それを越えた地域に植えつけられました。キリスト者の共同体が芽生えました。四世紀頃にはパレスチナは圧倒的にキリスト教の国になっていました(3)。

二〇〇〇年の間に、内外の難題が教会全体に、また特にパレスチナ人キリスト者に立ちふさがりました。ここではパレスチナのキリスト教会の生と活力に影響を与えた五つの主要な要素について光を当てることができます(4)。

第一の要素――神学論争

教会が広まり、キリスト教徒の数が増えるにつれて、キリスト教共同体は深刻な神学的難題に直面するようになり、そこで皇帝コンスタンチヌスは三二五年に問題解決のため公会議を招集することにします。生じていた困難と誤解は主として神学的なものでしたが、政治的・文化的差異によってさらに悪化していました。キリスト教徒の中にはローマ帝国で暮らしていた者もいましたが、ペルシャ帝国で暮らしていた者もいました。ギリシア語を話し、ヘレニズム的思考様式を用いる者もいれば、アラム語を話し、セム的思考様式を用いる者もいました。一つの普遍的教会は、厳しい神学論争に陥ってしまいました。

四世紀と五世紀の間に一連の公会議が招集され、重要で厄介な諸問題が論議されました。さまざまな国の何百という司教や神学者が小アジア（現在のトルコ）に集まり、キリスト教会にとって重要な教理を定式化しました。五世紀の終わりまでには、三つの公会議の決定の結果、今日の中東地方のキリスト教徒の多くは、キリスト教会の主流から切り離され、イラクのアッシリア教会、エジプトのコプト正教会、エチオピア教会、シリア正教会、およびアルメニア正教会を形成するに至りました。

これは教会における最初の重大な分裂であって、東方キリスト教の分離によるキリスト教の断片化を促しました。キリスト教徒は互いに疎遠な関係になりました。東方に残ったのはビザンチン（東方）正教会であり、それはマレク（皇帝）に忠実であったためにメルキト派と呼ばれるようになりました。しかしながらこの期間には、東方のビザンチン正教会と西方のローマ・カトリック教会は一致を保っていました。

五世紀半ば、パレスチナにはすでにコプト、シリア、アルメニア、エチオピアのキリスト教徒が聖地の近くに居住していました。彼らは正教会のキリスト教徒とよい関係を保っていましたが、一なる教会の内部にはすでに亀裂が起こっていたのです。こうして教会における最初の大分裂は、疎遠化、憤り、敵意、交わりの決裂、非難、そして「他の教会」のサクラメントの拒否という結果をもたらしました。

第二の要素──イスラムの出現

七世紀におけるイスラムの到来は、ビザンチン帝国の暴政を恨んでいた多くの東方キリスト教徒によって歓迎されました。事実、東方のキリスト教徒はムスリムと肩を並べてビザンチン帝国と闘ったのです。一般的に言って、アラブのムスリム支配者はキリスト教徒とユダヤ人に対して寛容であって、後者の多くはイスラム国家の中で政府高官の地位を占めていました。

しかしながら実際には、年月が経つにつれて、非アラブのムスリム支配者たちは次第に寛容さを失っていきました。その結果として、キリスト教徒にとっての困難さは増し迫害が起こり、多くのキリスト教徒がアラビア半島から今日シリア、レバノン、ヨルダン、パレスチナとして知られている地域に移動することになりました。さらに、非ムスリムに対する特別な税（アル・ジージャ）の納入を免れるため、また迫害を逃れるため、多数のキリスト教徒がイスラムに改宗しました。それは確信によるものではなく、便宜的な改宗でした。実際、イスラムの到来によって中東のキリスト教徒からビザンチンの軛は取り除かれましたが、イスラムへの改宗によってキリスト教共同体は弱体化してしまいました。

第三の要素――十字軍の来襲

第一次十字軍（一〇九九年）より四五年前の一〇五四年に、東方のビザンチン正教会と西方のローマ・カトリック教会の分裂が起こりました。これはキリスト教会における第二の重大な分裂でした。十字軍がエルサレムに着いたとき、彼らはムスリムだけでなく、ユダヤ人も、また現地の正教会のキリスト教徒をも敵視しました。正教会にとって痛恨きわまりないことに、十字軍はエルサレムの正教会総主教を、ローマ・カトリックの司教に置き換えてしまいました。その上、十字軍の期間には、東方の一連の正教会が分裂し、その一部は東方の性格と典礼を維持しつつローマのカトリック教会に対する忠誠を誓ったのです。

これらの分裂によって東方のキリスト教徒は弱体化し、一層断片化し、相互に激しく敵対し合うようになりました。十字軍による悲痛な経験によって、イスラムの隣人との関係におけるすべての東方のキリスト教徒の生活は破壊され、西方と共謀しているのではないかとの疑いが生まれたり、時には密告が行われたりするようになりました。東方正教会が正教会とカトリック派に分裂したことは、東方キリスト教における第三の重大な分裂でした。

第四の要素――プロテスタントの出現

一六世紀には西ヨーロッパにおけるカトリック教会そのものが分裂しました。プロテスタント宗教改革として知られるようになった事態の中で、ヨーロッパの多くのキリスト教徒がローマから分かれ、自分たちの国民教会あるいは地方教会を形成するようになりました。それらの教会の中でもさらに分裂が起こりました。結局のところ、多数のプロテスタント、福音主義の教派が存在するようになりました。

一九世紀初頭までには、大規模なプロテスタントの宣教運動が始まりました。国によっては、植民地主義に先だって宣教が行われたところもあれば、逆に植民地化のあとで宣教が行われた国もあります。パレスチナではまだオスマン帝国が支配していたときに欧米の宣教師がやってきて、第一次世界大戦後に植民地化が始まりました。アメリカの長老派の宣教師たちがレバノン、シリア、エジプトに赴き、他方イングランド教会（聖公会）とルター派（ルーテル教会）がパレスチナにやってきました。新しいプロテスタントと福音主義の教会が形成され始め、そのメンバーのほとんどは現地の正教会とカトリック教会からの改宗者でした。このことによって、パレスチナのキリスト教における第四の重大な分裂が起こったのです。

第五の要素――シオニストとイスラエル国家の出現

一八九七年にテオドール・ヘルツルはスイスのバーゼルでシオニスト運動を起こしました。その主な目的は、「パレスチナに公的に承認され、法的に保障されたユダヤ人の祖国」を樹立することでした。[5] シオニストはパレスチナ人キリスト者とムスリムを区別しませんでした。彼らはその両方をすべてアラブ人と見なし、シオニストの計画のために除去する必要があると考えました。遡ること一八九五年六月一二日に、ヘルツルは日記にこう書いています。

> われわれがその土地を占拠したら（……）われわれに割り当てられた土地の私有財産を紳士的に没収しなければならない。われわれは無一文の住民に通過国で職を与えることで国境の外におしとどめ、われわれの国ではいかなる職も与えてはならない。（……）没収の過程も貧民の除去も、目立たず慎重に行わなければならない。[6]

一九四七年、国連のパレスチナ分割案は、パレスチナの少数派住民で、ほとんどが近年の移住者であったユダヤ人の国家のためパレスチナの五五パーセントを与えることを提案しました。現地の多数派住民であったパレスチナのムスリムとキリスト者には約四五パーセントしか与えなかったのです。この計画は全く不当で馬鹿げたものでした。パレスチナ人に自決権を認めない西洋の戦勝国の願望によってパレスチナ人に押しつけられたのです。パレスチナ人はこの計画を不当なものとして拒否しましたが、シオニストは第一にパレスチナの中に合法的な足場を得るためにその計画を受け入れました。国連がパレスチナ分割案を承認するやいなや、シオニストはパレスチナ人を町や村から追い払う民族浄化を始めました。(7) 一九四八年のイスラエル国家成立の直接の結果として、七五万人のパレスチナ人――ムスリムもキリスト者も――が、シオニスト兵士を恐れ、あるいはその銃口によって追い立てられて逃げることになりました。シオニスト民兵はパレスチナの七八パーセント（五五パーセントではなく）を征服するまで止まることはありませんでした。パレスチナの破壊は潰滅的なものとなり、その後、長年にわたってパレスチナの進歩と発展は妨げられることになりました。

上記の五つの要素を考える時、キリスト者間の内部的分裂がパレスチナを破壊することはありませんでしたが、イスラエル国家の成立によってパレスチナは国土そのものが分断されてしまったことに気づきます。パレスチナ人キリスト者は後にイスラエルとなる地域にとどまった人々と土地を追われた人々とに分かれました。大半のキリスト者と聖職は難民となり、その帰還を求めた国連決議に違反して、イスラエルによって故郷に戻ることを禁じられました。キリスト者のおよそ六〇パーセントが民族浄化の犠牲となりました。キリスト者の人口が失われたことによって、パレスチナの教会はさらに弱体化しました。後に、多くのキリスト者が欧米に移住しましたが、それは主にアラブ・パレスチナ人少数派に対するイスラエルの差別を逃れるためでした。その他の難民は自分自身とその家族のために亡命し、ましな生活を求めて世界各地に散らばりました。

一九六七年に東エルサレムを含むヨルダン川西岸地区とガザ地区を占領したときにも、同じ差別政策がイスラエルによってとられました。政治的不安定さのために、多くのパレスチナ人キリスト者は継続的に移住を続けました。今日では、パレスチナ国内に住むパレスチナ人キリスト者よりも、国外に住んでいるパレスチナ人キリスト者の方が多くなっています。推定によれば、歴史的パレスチナの内部に住むキリスト者は二〇万人にとどかず、世界に離散しているパレスチナ人キリスト者は二〇万人を超えると見込まれます。

イスラエル政府は常に、パレスチナ人をその支配下に置くシステムを用いてきました。その一つが、人々の分断です。今日、パレスチナ人ムスリムとキリスト者は四つの別々の地域に分かれて居住しています。すなわち、イスラエル国家の中、西岸地区、東エルサレム、そしてガザ地区です。彼らの移動をイスラエルが制限しているために、彼らの大半は他の地域に住んでいる人々と物理的に交流する自由がありません。

過去二〇〇〇年間にわたるパレスチナ・キリスト教を概観すると、上に述べた五つの重要な要素が確かに浮かび上がってきます。そのそれぞれが、パレスチナのキリスト教に否定的な影響を与え、弱体化させ、脆弱なものにしてしまいました。現代の政治的視点からは、それは不正義と抑圧、占領と差別の悲劇的な歴史でした。教会の視点からも、それはやはりキリストの体の分断、何度にもわたるキリスト教の分断と分裂の悲しむべき歴史でした。

それにもかかわらず、パレスチナの小さなキリスト教共同体は、多様性に富んだ普遍的教会と、豊かな典礼的・教会的伝統——正教会、カトリック、プロテスタント、福音主義の諸教会——が織りなす美しいモザイクなのです。それらはすべて神に対する賛美と栄光のためにエルサレムと聖地に存在しています。

パレスチナ・キリスト教のこの概観によって、私たちは果たすべき課題、実にパレスチナ解放神学の任務が明らかになるのです。

1　私たちは仲間のキリスト者に対して、この地におけるキリスト教共同体内部の癒しと和解に貢献する責任をもっています。これは教派を超えた世界の教会の責務です。

2　私たちはムスリムの兄弟姉妹に対して、過去の恨みを癒し、諸宗教の間の相互理解と尊重、受容の有効な関係を築く責任があります。これは宗教間の責務です。

3　私たちは非暴力の手段によって、パレスチナ・イスラエルの政治的紛争に平等で平和的な解決をもたらすために、誠心誠意努力する責任があります。国連によって概略が示されているように、それは国際法の要求に沿って、正義と真実、慈悲と和解に基づいたものである必要があります。これが私たちの正義と平和の任務なのです。

4　また、世界中の友人と共に、パレスチナ人の困難と窮状についての意識を高め、共にパレスチナにおけるすべての人々の解放と和解のために闘うことは国際的責務なのです。

第3章
三重のナクバ

パレスチナ解放の神学の種子は、パレスチナの歴史における決定的な瞬間、ナクバに遡ることができます。一九四八年におよそ七五万人のパレスチナ人が、シオニスト民兵の残酷な襲撃のために、恐れのあまり祖国から逃げるか、力によって無理矢理追い出されました。これらの民兵はこの国からパレスチナ住民を立ち退かせるために事前に立案された計画を実行しました。

一九世紀末からパレスチナに入ってくるシオニストの数は次第に増加しました。シオニストは第一次世界大戦末には足場を獲得し、同時に、パレスチナに対する英国の委任統治によってバルフォア宣言が実行に移されました。この宣言は一九一七年に英国政府が発し、当時取るに足らない少数派であったユダヤ人に祖国を約束し、一方、多数派のパレスチナ人の政治的権利を全く無視したものでした。その後の二〇年間にわたって合法的にも非合法的にもパレスチナへのユダヤ移民が急速に増加し、暴力行為も増加しました。シオニストたちは公然と国家を要求し始め、その結果、一九四七年には国連による分割案が実施され、人口の三三パーセントに達していたユダヤ人シオニストを優遇することになったのです。[1]

人間に対するナクバ

ナクバはパレスチナの人々にとって三重の大惨事となりました。[2] 第一に、巨大な規模での「人間に対するナクバ」となりました。それはパレスチナ人に経済的な打撃を与え、パレスチナの社会的組織をバラバラにし、人間に重大なトラウマを引き起こしました。ナクバこそが、貧困の直接的原因なのです。パレスチナ人の家と土地、財産を失わせたのはナクバだったからです。西岸地区とガザ地区、隣接するアラブ諸国における難民キャンプでの何百万ものパレスチナ人の生活によって、この貧困は長引いてきました。ナクバはまた、パレスチナの伝統的社会組織の劣化につながっています。二〇一四年七月には、およそ五〇〇万人のパレスチナ難民がおり、その内七〇万人が国際連合パレスチナ難民救済事業機関（ＵＮＲＷＡ）[3]に登録され、パレスチナに居住しています。多くの家族が休戦ラインによって分断されており、告発や裁判も抜きでイスラエル政府の拘置所に収容されている者もいます。イスラエルによる占領が続くことで、重大なトラウマが引き起こされています。暴力と軍事占領、検問所での屈辱的扱いによって、パレスチナ人社会の中で苦痛が生まれています。臨床心理学者のアブデル・ハミド・アファナとサミール・クオータ、そして精神分析医であり人権活動家でもあるエヤド・エル・サライは、パレスチナ人はトラウマのために精神衛生上の支援が必要であると述べています。家屋の取り壊しの犠牲になった成人は、他のグループの人々よりも大きな絶望と不安、妄想に取りつかれています。(4) 不幸なことに、現在このトラウマに対処する力はパレスチナでは非常に限られています。

アイデンティティのナクバ

イスラエルにとどまっているパレスチナ人にとってのナクバの第二の側面は、「アイデンティティのナクバ」です。イスラエルに住むパレスチナ人は、自分自身の家に住んでいる状態から一夜にして自国でのよそ者になってしまったのです。多くのパレスチナ人は、このように物理的に根こそぎにされた結果、アイデンティティの危機に陥ってしまいました。パレスチナのキリスト者とムスリムは、彼らを必要としない新しいイスラエル国家の中で、キリスト者あるいはムスリムであること、パレスチナ人、アラブ人であることの意味を再考しなければなりませんでした。

アイデンティティの喪失感は、パレスチナの文化、歴史、記憶を消し去ろうとするイスラエルの企てによってさらに強まります。イスラエルは多くの方法でそれを実行しました。注目すべき三つの方法は、大規模な書籍略奪、言語とシンボルの植民地化、そして学校カリキュラムの内容です。イスラエルの歴史家イラン・パペは、七万冊のパレスチナの書籍がイスラエルによって「収集」された大規模な書籍略奪とは、パレスチナの歴史的物語を消し去ろうとする略奪に他ならないと論じています。[5] この問題を取り上げて博士論文を書いた歴史家ギッシュ・アミットは、この過程をイスラエルの植民地政策の一環と捉え、「パレスチナ人を国民集団から除外する行為」であると指摘しています。[6] イスラエルはさらに、言語とシンボルに対する支配を強めることによってパレスチナ人のアイデンティティを破壊しました。この最も顕著な例は、オスロ合意（一九九三年）まではパレスチナとかパレスチナ人について語ることが禁止されていたということです。ＩＤカードにはパレスチナ人ではなくイスラエル国家の中に留まっているパレスチナ人はパレスチナ人はアラブ人と、イスラエリ・アラブと定義されていました。[7] さらに、パレスチナの国旗は非合法の「テロリスト」のシンボルとされました。そのような行為は、パレスチナ人の共同の記憶を破壊する植民地的企てでした。

教育もまた、イスラエルがパレスチナのアイデンティティを消し去ろうとするもう一つの領域です。イスラエルの学校ではパレスチナの歴史的物語を含む教科書は禁止されました。それはさらにイスラエル内のパレスチナ教育制度にまで及びました。そこでは当局は学校でイスラエルの教科書を用いることを強要したのです。[8] 二〇〇九年には教育相ギデオン・サアルはアラブ系イスラエル人の教育カリキュラムから「ナクバ」という言葉を削除しました。[9]

信仰のナクバ

ナクバの第三の側面は「信仰のナクバ」でした。パレスチナ人キリスト者であり、「サビール」〔第9章参照〕の創設メンバーの一人セダール・デュアイビスは、信仰のナクバとは「われわれの足もとから地面を取り去ってしまい、すっかり道に迷ってしまったというわれわれの感覚に拍車をかけた神学的ナクバであった。私たちの生活は錨が壊れてあてもなく漂流する船のようだった」と説明しています。[10] 信仰のナクバの核心にあったのは、教会とパレスチナ人の日常生活との激しい乖離でした。ナクバに続く一八年間、パレスチナ人は生活のあらゆる面を支配する厳しい軍事支配の下に置かれていましたが、教会の内部ではまるで何も変わっていないように思われました。人々の生活は完全に覆されたにもかかわらず、典礼や聖書の読み方、説教、聖歌はすべて元のままでした。イスラエル国家の成立は多くの人々の信仰の基礎そのものを揺り動かす巨大地震でした。生粋のキリスト者であろうとなかろうと、多くのキリスト者にとっての根本的問題は、「シオニズムを裏づけるために旧約聖書が用いられていることを経験しているパレスチナ人キリスト者から見て、いかにすれば旧約聖書は神の言葉となりうるか」[11]

ということでした。

パレスチナ人キリスト者の中には信仰を守り抜いた者もいましたが、ナクバによって信仰体系が崩壊してしまった者もいたのです。彼らは意味のある前途を探り当てようとしながら、旧来の神学的・霊的思考方法に戻ることはできませんでした。キリスト教の原理主義あるいはシオニズムであれ、ユダヤ人シオニズムのイデオロギーであれ、聖書はパレスチナ人の悲劇的運命を承認するために用いられていました。宗教的信念は、日常生活の現実と衝突するように思われました。

一般にナクバに対するキリスト者と教会の反応は、人道主義的なものでした。彼らは難民とパレスチナ人社会の弱い人々に食料と避難所を提供しました。しかしながら、これらの慈善行為に政治的行動は伴いませんでした。それには多くの理由があります。当時の教会の指導部はほとんど外国人であり、その結果、政治的情勢にはパレスチナ人自身ほど関心を抱いていませんでした。たいていのパレスチナ人は衝撃を受けていました。彼らは自分たちと自分たちの国に起こっている事態を信じることはできませんでした。第一の関心は自分たちの家族と殺到する難民の差し迫った必要に心を寄せることでした。

信仰のナクバは、もしもパレスチナ人キリスト者の共同体が宗教生活を再び活性化することを望むなら、パレスチナ人に対するイスラエルの抑圧に照らして、自らの信仰の意味とキリスト者の責任を再考することが不可欠であることを明らかにしました。悲しいことに、パレスチナのナクバは終わりにはほど遠く、イエス・キリストのメッセージと生涯に表されているパレスチナ人に対する神の意志を見極めることが重要となりました。

第4章
パレスチナ解放の神学を生み出した
その他の歴史的出来事

ナクバという包括的な悲劇が、パレスチナ人の生活を一変させた大きな出来事であったことは確かです。パレスチナ人は自らが罪を犯したわけではなく、単にたまたま自らの祖国に暮らしていたために苦難を被る運命にあったとしか思われません。広く知られている学者であり著述家であるエーリッッヒ・フロムは一九五九年に次のように書いています。「イスラエルの土地に対するユダヤ人の主張は、現実主義的な政治的要求ではありえない。もしもすべての民族が、祖先が二〇〇〇年前に住んでいた領土に対する所有権を突然要求するようになれば、この世界は大混乱に陥るだろう(1)」。ユダヤ人が何千年も前に祖先が住んでいたという理由でパレスチナの土地を要求できる一方で、その土地を一度も離れなかった土着のパレスチナ人が土地を取り上げられるのは、全く馬鹿げた不合理なことです。しかし、それこそが起こったことなのです。しかしその罪はユダヤ人シオニストだけに帰せられるものではありません。それはまた、大英帝国とアメリカ合衆国の政治的責任、さらに多くの欧米のキリスト者が信奉してきた聖書神学の責任でもあるのです。

ナクバ以外にも、パレスチナ解放の神学の出現に大きな役割を果たし、その原因となった三つの歴史的出来事があります。

ホロコースト

パレスチナのナクバの数年前、第二次世界大戦中に、ドイツのナチスは二〇世紀最悪のホロコーストによって六〇〇万人のヨーロッパ・ユダヤ人を虐殺しました。この悲劇の大きさと、欧米連合国がホロコーストを阻止できなかったという欧米の罪悪感が結びついて、戦勝国側がバルフォア宣言の実行を早める強力な動機になったことに疑いはありません。ホロコーストの非道に照らして見ると、パレスチナに住むパレスチナ・アラブ人の権利と願いなどは些細で取るに足らないことに思われたのでしょう。パレスチナ人は手頃なスケープゴートにされたとさえ言えるでしょう。実際、反ユダヤ主義の犯罪行為によって何百万人という無実のユダヤ人が抹殺されました。しかし、土地を奪われ祖国を失うことによってその代価を払わされているのはパレスチナ人なのです。彼らはマクマホン＝シェリフ・フサイン書簡〔訳註〕において謳われた民族自決権を期待していたのですが(2)、そうではなく、パレスチナとパレスチナ人は欧米の罪の祭壇で犠牲とされました。

フサイン＝マクマホン協定……一九一五年にイギリス政府がオスマン帝国の支配下にあったアラブの独立とアラブ人のパレスチナでの居住を認めた協定。

ナクバに対する欧米の反応は一般に、政治的怒りというよりは人道的なものに限られました。欧米において際だって想起されたのは、ホロコーストの悲劇でした。たいていの人々は、パレスチナの住民に起こったことに気づきさえしませんでした。結局のところ、パレスチナ人は単にアラブの一部族としてしか認識されていなかったのです。彼らに起こったことは付随的被害であって、何らかの人道的援助によって保障できると考えられていました。ユダヤ人に降りかかったはるかに重大な悲劇には比べものにならなかったわけです。

間もなく、イスラエル国家の樹立はホロコーストの反対命題として考えられるようになりました。ホロコーストがユダヤの歴史のどん底であり、何千年にも及ぶ悲劇と苦難の頂点と考えられたのに対して、イスラエル建国と数百万のユダヤ人の祖国帰還はその救済の幕開けを意味していました。ホロコーストがユダヤ人の死の経験であるとすれば、イスラエル国家の建設は死からの復活を意味していたのです。エゼキエル書三七章（枯れた骨の谷）が欧米のキリスト者とユダヤ人によってしばしば引き合いに出されました。欧米のキリスト教シオニストにとっては、イスラエル建国は聖書の預言の成就であり、キリストの再来を早めるものだったのです。

この時期に、宗教間対話の新しい努力が生まれ、何世紀にもわたって閉ざされていた扉が力ずくで開き始められるようになりました。ドイツ、オランダ、イギリス、カナダ、アメリカ、その他の国々の神学者が、歴史、神学、聖書、典礼、心的態度、固定観念、神話など多くの問題を討論しました。過去にキリスト教とユダヤ教の関係を損なってきたあらゆるものが取り組みの対象とされました。これらのホロコースト神学者たちは書物を著し、論文を書きました。キリスト者とキリスト教、そして教会がユダヤ人に対して犯したすべての罪と犯罪が暴露され、告白されました。ホロコーストに照らしたこれらの対話は、多くの人々にとって意義深いものでした。

しかしながら、その結果として「エキュメニカルな取引」が行われました。それに関わった欧米のキリスト者は、ユダヤ人に対する過去の犯罪について自責の念を表明したばかりでなく、シオニストの大義を擁護し、イスラエル国家に対する断固たる支持に力を入れるようになったのです。ユダヤ人は無実の犠牲者と見なされ、一方、欧米キリスト者は罪深い犯罪人と見なされました。欧米のほとんどのキリスト者は、ホロコーストにおける信じがたい損失と、多年にわたるキリスト者による迫害と苦難の末にユダヤ人が故郷を見出したのを見て救われた気持ちになったのです。従って、欧米のキリスト者が、懺悔の気持ちでユダヤ人とイスラエル国家との連帯、支持の道を歩んだのは当然でした。マーク・エリスの言葉によれば、求められたのは「イスラエルに対するいかなる本質的な批判によっても妨げられることのない、キリスト教の反ユダヤ主義に対する永遠の悔い改め(3)」だったのです。

ホロコーストの悲劇が起こったのはシオニスト運動が始まってから五〇年以上経った後であることを思い起こすのは重要です。この年月の間に、パレスチナへの合法・非合法のユダヤ移民が増加し、そのことが土着のパレスチナ・アラブ人とシオニスト移民の間の暴力のエスカレーションの一因となりました。シオニストの目標はパレスチナを奪取し、土着の住民を追い払うことだったからです。ホロコーストがなければ、シオニストの計画があれほど急速に達成されるとは想像しがたいことだったでしょう。実際、ホロコーストがイスラエル建国に与えた心理的影響はいくら強調してもし過ぎることはありません。ナクバがパレスチナ解放の神学の誕生を必然的なものにしたとすれば、ホロコーストはその背景の本質的な部分だったのです。

一九六七年の戦争と宗教的シオニズムの台頭

一九六七年の戦争〔いわゆる「第三次中東戦争」〕は一つの分水嶺でした。イスラエル軍は東エルサレムを含む西岸地区、そして周辺のアラブ諸国の広大な地域とガザ地区とを占領しました。同時にこの戦争によって、イスラエルの諸政党の中で重大な内部的変化が起こり、国全体が大きく右傾化しました。一九七〇年代後半にはシオニスト運動は世俗的形態から宗教的な形態のシオニズムに、そしてホロコーストの強調からトーラー〔律法〕の強調へと移行し始めました。この移行は重大な意味を持っています。これによって、パレスチナ人の土地の没収とユダヤ人入植地の建設、入植者運動の拡大が奨励されることになりました。聖書の利用はホロコーストの利用よりも、イスラエルに対する支持を取り付ける上で有力な道具であることが分かったのです。

ヘブライ語聖書の利用は、ユダヤ人シオニストを勇気づけただけでなく、欧米の福音派キリスト者の多くを鼓舞し、興奮させました。キリスト教シオニズムは一九世紀に遡る長い歴史を持っており、ジョン・ネルソン・ダービーやシャフツベリー卿〔訳註〕の著作が代表的であり、それより遡るものすらあります(4)。キリスト教シオニストやその他の福音派にとっては、一九六七年に起こった東エルサレムと西岸地区の占領は、歴史の終末への接近の最終的証拠となりました。エルサレムがイスラエル＝ユダヤの支配下に置かれた今、キリスト教シオニストの神学は、ハラム・アル・シャリーフ〔訳注〕にあるムスリムの聖地を破壊し、キリストの再臨を予期してユダヤの神殿を建設することを誤って要求することになったのです。

ジョン・ネルソン・ダービー……（一八〇〇・一一・八－一八八二・四・二九）イギリスの神学者、讃美歌作家。プリマス・ブレザレンの創始者の一人。ディスペンセーション主義（経綸主義または天啓史観）を唱え、人類に対する神の救済の最後の段階において、パレスチナの相続、神殿の復興、ダビデ王朝における異邦人世界の統治など、イスラエルに関する旧約聖書の預言が文字通り成就すると考えた。

シャフツベリー卿……第七代シャフツベリー伯爵アンソニー・アシュリー・クーパー（一八〇一・四・二八－一八八五・十・一）。児童労働禁止立法など社会改良に努めると共に、イングランド教会の福音主義者として活躍。ユダヤ人の聖地帰還を提唱した。

ハラム・アル・シャリーフ……エルサレム旧市街の「神殿の丘」のこと。よく知られた「黄金のドーム」と、ウマイヤ朝時代に建てられたアル・アクサ・モスク（「銀のドーム」）がある。

二〇〇一年以来、アメリカのユダヤ人シオニストとキリスト教シオニストは、神学的違いにもかかわらず密接に協力してきました。キリスト教シオニストは黙示的な終末のシナリオ、つまり、歴史の終末におけるハルマゲドンの戦いでイスラエルのユダヤ人の三分の二が虐殺され、残りの三分の一がキリスト教に改宗するというシナリオを信奉しています。そのような原理主義の信念は、ユダヤ人ならきわめて不快に感じるだろうと思われ、事実不快なものです。これは反ユダヤ主義、民族根絶主義の意味合いが含まれています。しかしながら、キリスト教シオニストがイスラエルを断固として支持する一方、これに対し、反イスラムの立場から、ユダヤ人シオニストの中には、キリスト教シオニストがイスラエルの繁栄に揺らぐことのない支持を与える限り、彼らに進んで協力しようとする者が出てきました。

同時にユダヤ人入植者はより過激になり、法律を思うがままにし始めました。彼らはイスラエル軍の庇護の下でパレスチナの市民に嫌がらせや襲撃を公然と行ってきました。事実、入植者たちは政権の中でますます重要な地位を占めるようになりました。彼らの中にはクネセト（イスラエルの国会）の議員もいれば、政府の閣僚もいるのです。その上、軍の中で高い位を占め、軍事的な影響力と権力を強めている入植者の数も増えています。

悲劇的なことに、イスラエル政府の下でのパレスチナ人の生活は悪化する一方です。ホロコーストはもはや彼らの行為を正当化するものではなくなりました。今や、神の名と聖書こそが彼らの行為を正当化するものとなったのです。

パレスチナ解放の神学としては、シオニストのそのような聖書の読み方が、ユダヤ人シオニストとキリスト教シオニストの双方にとって重要な役割を果たし続けていることに対して、真正面から批判することが不可欠になっています。

第一次インティファーダ

不正義と抑圧が続いたことに対するパレスチナ住民の反応として、また、国際社会がパレスチナ問題を解決することができなかったために、最初のインティファーダ〔パレスチナ人の民衆蜂起〕が一九八七年に勃発しました。このインティファーダは一九六七年に占領された領土全体のパレスチナ人を結束させただけでなく、非暴力の直接行動へと駆り立てました。インティファーダは草の根のパレスチナ人共同体が団結し、平和的に抵抗することができることを全世界に示したのです。

第一次インティファーダに至るまで、パレスチナ人は自らの大義が正しいことを確信して、国際連合と国際社会がパレスチナ人の祖国に関する国連の諸決議を実行することによって、一九四八年と一九六七年の酷い不正義を正してくれるものと期待していました。しかしながら、年月は経ち、欧米の大国、とりわけアメリカがイスラエルの保護一辺倒であったため、国際連合は自らの決議を実行することができませんでした。イスラエルは時が経つにつれてパレスチナの主張は消えてなくなるだろうと高をくくっていました。事実、シオニストには「老人は死に、若者は忘れる」という格言がありました〔俗にイスラエル初代首相ベングリオンの言葉とされる〕。

インティファーダが勃発したとき、パレスチナ解放機構（ＰＬＯ）が公式にはパレスチナに存在していなかったことを思い起こすことは重要です。ヤセル・アラファトとＰＬＯ指導部はチュニスに亡命していました。しかも、イスラエルと欧米諸国の大半はＰＬＯをテロリスト組織と考え、ＰＬＯとの交渉を行っていませんでした。

インティファーダは一九六七年に占領された地域で、イスラエル占領軍による残虐行為と荒っぽいやり方に対する反応として、パレスチナ人の間で自然発生的に起こったのです。インティファーダはガザで始まりましたが、すぐに西岸地区全体を覆うようになりました。当時のガザ地区は孤立した地域ではなく、人々は自由にガザと西岸地区の間を移動できました。ある町のインティファーダを鎮圧するためにイスラエル軍が派遣されてきたときにはいつでも、別の町で抵抗運動が火を噴きました。

イスラエル軍の残虐な措置とそれがもたらす苦難にもかかわらず、人々の気持ちは高揚しました。国際連合と国際社会が不正義を正すものと期待していた年月は長く、不毛な期間でした。それが今や、パレスチナ人自身が立ち上がり、非暴力抵抗によって不法な占領を終わらせるように要求する時が来たのです。だからこそ、人々は状況の劇的な変化をもたらすことができると願い、熱狂的になり、沸き立ちました。人々の大半は自分たちが根絶するのが困難な、頑強な入植者の植民地的イデオロギーに立ち向かっていることに気がついていませんでした。

一九八七年のインティファーダがきっかけになって、パレスチナ解放の神学が生まれましたが、それはこの神学の本来の根源ではありませんでした。その根源は、一九四八年のパレスチナのナクバに根ざしていたのです。

パレスチナ解放の神学は、パレスチナ聖公会の本拠地であるエルサレムの聖ジョージ大聖堂において始まりました。私は当時この大聖堂の司祭であり、会衆を司牧していました。毎主日の説教はその日の福音書を中心に行われ、この地の状況と現実に語りかけるものでした。礼拝後、会衆は集まり、コーヒーを飲みながら福音書に照らして不法なイスラエル占領下での自分たちの生活について話し合いました。人々はそれぞれの物語と経験を分かち合いました。彼らはこうして、占領下での自分たちの信仰の意味と取り組んだのです。

人々を最も鼓舞した根本はイエス・キリストであり、彼は常に人々の信仰の手本であり模範でした。イエスの生涯と教え、模範は、人々の生活と行動の基準となりました。現実逃避と逃走は選択のうちにはありませんでした。イエス・キリストはパレスチナの人々の解放者であり、彼らはイエスの足跡に従っていかなければなりません。イエスの道は非暴力であり、重要な指導原理です。武装闘争はイエスのやり方ではありませんでした。非暴力こそがイエスのやり方だったのです。

高名な新約聖書学者のケネス・ベイリー博士が当時エルサレムに住み、毎主日の礼拝に参加していたのは、神のご計画であったと言うべきでしょう。彼の存在は、地元の会衆に貴重な聖書からの力を与えてくれました。

毎主日、パレスチナ人キリスト者の信仰共同体は、その時の状況に即した実践的意味のある仕方で、地に足のついた神学をしていました。これらの成果は、主として人々自身が収めたものです。最善の神学思想と最善の政治的分析はエルサレムの人々がもたらしてくれました。

聖ジョージ大聖堂での主日の集会は非常に有名になり、エルサレムの他の共同体からのキリスト者や外国人が集まってきました。イスラエル占領軍の蛮行によるパレスチナ人の苦難のただ中で、私たちの信仰共同体のメンバーは、自分たちの討論が霊的・心理学的な治療法であることに気づきました。これらの討論は人々の信仰を深め、人々に一週間の慰めと励まし、希望を与えました。

人々が救い主、主と呼んでいる方自身が、抑圧的占領の犠牲者であったことがパレスチナ人キリスト者に知られるようになると、討論はもっと生き生きとしてきました。人々は解放者を求めて遠くに赴く必要はありませんでした。イエス・キリストご自身が、私たちと同じパレスチナ人だったのです。彼は私たちが住んでいるのと同じ土地に住んでいました。彼は私たちと同じ空気を呼吸していました。彼の言語と思考様式は、私たちと同じセム的なものでした。イエスが住んだパレスチナは、多文化、多民族、多人種、多宗教の社会であり、今日に至るまでそれは変わりません。さらに、イエスの時代の政治的状況は、多くの政治的・宗教的党派があり、今日の私たちの状況ときわめて似通っています[5]。

いったんそのようなことが分かると、イエス・キリストは信仰の模範、私たちの解放者として見なされるようになったのです。パレスチナ人キリスト者にとって、イエス・キリストは自分たち自身に他ならないと思われました。彼らはイエスを、その生涯をローマの占領の下で生き、最終的には当時の宗教的指導者と結託した占領勢力によって殺害された仲間のパレスチナ人として認識しました。そのような発見は、ほとんどの人々にとって重要な神学的意味をもたらし、献身を促す大きな動機になりました。

このようにして、神の恵みにより、エルサレムの聖ジョージ大聖堂においてパレスチナ解放の神学の基礎が築かれました。一九四八年のナクバがパレスチナ人共同体の破壊であり、一九八七年のインティファーダが民族的自覚への回帰であるとすれば、パレスチナ人キリスト者にとっては、解放の神学の出現こそがより真正な信仰と神への献身的奉仕への回帰を意味していました。それは、人々に希望と勇気、自由と解放へと至る正義と平和の事業に加わる決意を与えた力あるカイロス〔訳註〕だったのです。

カイロス……ギリシア語で、重大な歴史的な意味と質的な飛躍をもたらす「時」を意味する。時計のように均質に流れていく時間はクロノスという。なお、パレスチナ解放の神学成立に大きく寄与した二〇〇九年一二月の文書集は『カイロス・パレスチナ』という標題が付けられている。

第5章
イエスの人性の回復

パレスチナ解放の神学は、信仰とそこにある状況との出合いの結果、生まれました。それは神の正義についての観点または信仰が、仲間である人間に対して人間が行う恐ろしい不正義に直面したときに生まれます。パレスチナ解放の神学には三つの構成要素があります。それは信仰と状況と応答です。信仰と生の状況と行動と言い換えることもできます。眼前に起こっている不正義と抑圧に対して何を言い、何をなすべきだと神が私たちに求めておられるのか、という問いに答えることができたとき、解放の神学は現実のものとなります。

第一に、愛と正義の神を信じるということは、すでに神の愛を敏感に感じ取り、世界における神の意志を行うために献身しているということを意味しています。愛と正義は同じコインの表裏です。人々が神を愛するとき、彼らは仲間である人間に正義を行います。人々が隣人を愛するとき、彼らは隣人に正義を行います。愛が不在の時、結果として必ず不正義が起こります。正義に献身するということは、隣人愛に献身するということであり、その逆も真です。こうした信仰の重要な側面が、神が世界をどう見ているかを理解する視点です。神は、人々が正義と愛、憐れみと赦し、平和と和解のうちに生きることを求めているのです。

第二に、すべての人々に対する神の愛を見るには、眼前の状況に対する真実で誠実な分析、言い換えれば不正義と抑圧の状況に対する注意深い評価がその後に続かなければなりません。第三に、神は私たちに何を言い、何をすべきと求めているのかという神学的な問題を私たちは問い、それに答える必要があります。預言者ミカの言葉によれば、「主が何をお前に求めておられるか」（ミカ六・八）ということです。私たちの応答が正義と平和の成就に対する能動的な関わりにつながったとき、解放の神学を実践していることになるのです。

四世紀および五世紀のキリスト教神学論争がキリストの神性の肯定で終わったことを想起しなければなりません。古代の諸信条がキリストの完全な人性と完全な神性の双方を肯定しているとはいえ、強調点はその神性にあります。とくに東方キリスト教の典礼はキリストの神性の強調を含んでおり、パレスチナ人キリスト者の多くは神性の強調に誇りを抱いています。[1]

しかしながら、パレスチナ解放の神学は、イエス・キリストの完全な人性を取り戻すことによって均衡を回復しました。それはまさに、今日のパレスチナのような占領下で生きた歴史的イエスの発見でした。パレスチナ人キリスト者がイエス・キリストの完全な人性を認識し、受け入れたとき、それは私たちを真っ直ぐに福音書へと引き戻し、イエスの生涯と教えを学ばせることになったのです。そのような学びによって、私たちは鼓舞、激励されて、正義と平和の働きへと献身するようになりました。

ナザレにおけるイエス（ルカ四・一八―一九）

私たちにひらめきを与えてくれた中心的テキストの一つが、ナザレの会堂でイエスが用いたイザヤ書六一章一節でした。

「主の霊がわたしの上におられる。
貧しい人に福音を告げ知らせるために、
主がわたしに油を注がれたからである。
主がわたしを遣わされたのは、
捕らわれている人に解放を、
目の見えない人に視力の回復を告げ、
圧迫されている人を自由にし、

主の恵みの年を告げるためである」。（ルカ四・一八－一九）

イエスはこのテキストを引用し、会堂で引き続いて行われた町の住民たちとの討論の中で、よそ者に対する彼らの排他的な態度と対決しました。イエスは神についての彼らの狭隘な見方に挑んだのです。神は深刻な飢饉の時にフェニキア人のやもめに預言者エリヤの世話を委ねました。預言者エリシャについて言えば、この預言者が唯一癒した重い皮膚病患者はシリア人の将軍でした。神の愛と配慮は古代イスラエルの人々だけに限られているのではなく、その敵にさえも及んでいるのです。

この福音書テキストの現代への妥当性は、いくら強調してもし過ぎることはありません。まず、それは世界中の社会的弱者と被抑圧者の側に立つ行動への呼びかけです。

それはまた、自民族中心的な態度と政策に対する批判でもあります。イスラエル国家の市民を含めて、占領下のパレスチナにいるパレスチナ人は、長年にわたり人種差別に苦しんできました。パレスチナ解放の神学は、この状況に疑問を投げかけ、解放の大義を擁護するのです。

不正な裁判官（ルカ一八・一－八）

このテキストは、イエスが諦めずに祈り続けることの大切さを強調するために用いた譬《たと》え話《ばなし》です。不正な裁判官の前に立ち、「私に正義を行ってください」と叫び続けるやもめの物語は、単なる譬え話にとどまりません。それはイエスが知っていた現実生活を反映したもののように思われます。

この物語はパレスチナ人の苦難に非常によく当てはまります。裁判官は帝国と権力者、つまり不正義と抑圧を表し、やもめは弱者、貧者、被抑圧者を表しています。

この闘いの核心にあるのは正義です。「神を畏れず人を人とも思わない裁判官」（二節）というイエスの言葉は的確です。いったんそのような状態になると、人は人間性を失うのです。

正義を求める闘いの中で、パレスチナ人は絶えず不正なイスラエルの裁判官に直面しています。パレスチナ人は土地を奪われ、言葉によっても肉体的にも虐待され、傷つけられ、故郷を追放され、場合によっては家屋を破壊され、移住を余儀なくされているのです。占領下のパレスチナ人家族を襲っている事態を目撃することによって、イエスの物語は多くの人々にとって適切で真に迫るものになります。

私たちの解釈基準であるイエス・キリスト

パレスチナ人キリスト者にとって、解放の神学は解放者としてのイエス・キリストに根差すものです。実に、パレスチナ解放の神学はキリスト中心の神学であり、パレスチナ・イスラエル紛争に直接の焦点を当てるものなのです。

パレスチナ解放の神学においては、イエス・キリストが解釈基準、解釈のレンズあるいは原理となり、それを通してキリスト者は自らにとっての真の神の言葉を考察し、試し、評価し、決定するとともに、信仰生活によってそれを無意味な偽物から区別することができるのです。

キリストが解釈基準だというのは、どういう意味でしょうか。私たちが皆知っているように、聖書は長い期間をカバーする大部の書物です。その内容は多様で、さまざまです。そこには散文もあれば詩もあり、歴史も神話も、預言も黙示も、部族的思想も普遍的思想等々も含まれています。そのメッセージと意味を見極めるのは必ずしも容易ではありません。私たちはテキストが今日の人々の生活に対してもつ意味と妥当性を解釈し評価するのを助けてくれる基準、つまり解釈学を必要としているのです。

パレスチナ解放の神学にとって最も有益な解釈の鍵は、イエス・キリスト自身です。この解釈基準によって、今日の私たちの生活にとって聖書のテキストがもっている意味と妥当性を決定することが可能になります。私が読んでいるものはキリストの精神に合致しているだろうか。それはイエス・キリストにおいて、イエス・キリストを通じて私たちに啓示された神の知恵と本質、性質と合致するのだろうか。別の言い方をすれば、この聖書のテキストはすべての人々に対する神の愛と調和するのだろうか。そのような単純な問いかけが、多くのキリスト者にとって、今日の自らの生活にとってテキストのもつ真正性と有用性を見極める助けとなるのです。

本書の後の方で、私は解釈学の道具として「愛」、とりわけ神の愛、隣人に対する愛をも用いています。これもまた極めて妥当な道具なのです。多くのキリスト者は解釈基準としてキリストを選ぶかも知れませんが、愛という解釈基準の方がその包括的性質のゆえに魅力があると感じるキリスト者もいるでしょう。本質上、いずれの解釈基準も有効であり、日々の生活にとってのテキストの道徳的・霊的価値を私たちが試し、量るのに役立ちます。

これら二つの解釈基準を念頭に置いて、いくつかの例を考察することにしましょう。私たちは意図的にパレスチナ・イスラエル紛争に関連する聖書テキストを用います。そうすれば、実践的にパレスチナ解放の神学を明らかにすることができるからです。

第6章 旧約聖書における宗教思想の発展

一部の人のための神か、すべての人のための神か

パレスチナ人キリスト者は旧約聖書をどう考えるべきなのでしょう。どうすればそのテキスト群を奴隷化ではなく解放へと向かうように読むことができるのでしょうか[1]。

旧約聖書には私たちの信仰と霊性を深めることのできる材料が含まれていることは否定できません[2]。同時に、私たちの信仰に極めて有害になりうるテキストもそこには存在しています。テキストの中には人権の諸原理と国際法と対立するものもあり、逆に世界人権宣言（一九四八年）に魂を吹き込んだテキストもあります。

古代教会は旧約聖書の問題と苦闘しました。キリスト教徒の中には旧約聖書を聖書から取り除くことを主張した者もいましたが、選択的かつ最小限度に用いることを主張した者もいまし

た。教会は主に、イエス・キリスト到来についての預言者的証言と見なされるものがあるために旧約聖書を保持しました。イエス・キリストの到来は、旧約聖書における預言の成就と信じられていたからです。

理解に苦しむ旧約聖書の章句に取り組むために、何世紀にもわたってキリスト教徒は類型論や寓喩、テキストの霊的解釈を含むさまざまな解釈方法を用いてきました。そうした方法は今日でも一部のキリスト者が用いています。そうした方法を用いる人々は、荒々しい刺を取り除き、テキストを許容範囲に収められると信じています。パレスチナ解放の神学においては、キリストという解釈基準、あるいは愛という解釈基準に合致せず、道徳的にも神学的にも攻撃的である聖書テキストは何の権威も持ちません。悲劇的なことに、そうしたテキストの中には、キリスト者が神の名において、奴隷制度や女性差別、パレスチナ人に対する民族浄化、およびその他多くの罪や悪を正当化するために用いてきたものもあるのです。そうした聖書テキストの中には、後で見るように、今もなお過激な思想の持ち主を鼓舞しているものもあるのです。

そうしたテキストの一部は通常、「神の暴力」あるいは「恐怖のテキスト」と呼ばれています。[3] それらは神についての部族的・排外的理解を反映しており、ずっと以前にヘブライ語聖書（旧約聖書）自体の中ですら放棄されている理解なのです。私たちはそうしたテキストを旧約聖書から破り取ることはしませんが、公祷の中で朗読すべきではありません。それらは道徳的に啓発するものではありません。そこには私たちに対する神の言葉が含まれていないからです。むしろ、部族社会の偏見、人種的偏見、人種差別、さらには原始的な人間の理解を反映しています。はっきり言えば、それらはイエス・キリストにおいて私たちに啓示されたすべての人々に対する神の愛を全く反映していないのです。多くの人にとっては、一部の人々がいかにそれらのテキストを寓意化し、合理化し、あるいは霊的解釈を施そうとも、それらは依然として、人権の価値と国際法はいうまでもなく、人間の尊厳と道徳性さらにはキリストの精神にとって、不釣り合いで攻撃的なものであることには変わりありません。それらのテキストは拒絶されるべきです。それらには、誰にとってもいかなる霊的、道徳的価値や権威もないのです。

指摘しなければならないのは、イエスはカナンの先住民の追放を正当化する民数記から一度も引用しなかったし、民族浄化を讃えるヨシュア記や士師記からも引用しなかったということです。イエスは旧約聖書を用いる際に極めて注意して選ばれました。

基本的に、聖書の懲罰的、帝国主義的（……）あるいは階級差別的、排除主義的な箇所からは引用しなかった。事実イエスはいつでもその逆のことを教えている。これは見逃すことができない。そして、キリスト者としてのわれわれの務めは、イエスに倣うことである。(4)

理解に苦しむ旧約聖書テキストの例

〈民族浄化の要求〉

主はモーセに仰せになった。イスラエルの人々に告げてこう言いなさい。ヨルダン川を渡って、カナンの土地に入るときは、あなたたちの前から、その土地の住民をすべて追い払い、すべての石像と鋳像を粉砕し、異教の祭壇をことごとく破壊しなさい。あなたたちはその土地を得て、そこに住みなさい。わたしは、あなたたちがそれを得るように土地を与えた。

（民数記三三・五〇－五三）

ユダヤ教の入植者がヘブライ語聖書を専ら自分たちだけのものと見なしていることは、注意すべきことです。キリスト者の共同体にとっては、旧約聖書は聖書の一部です。シオニストも非シオニストも含めて、過激な宗教思想をもつユダヤ人にとっては、人種・民族主義的な神によって彼らに与えられた人種・民族主義的な書物として旧約聖書は認識されてきました。旧約聖書学者は、ヤハウェは始め男性の戦の神であったと主張しており、まさに現在の過激なユダヤ人はそのような神としてヤハウェを理解しています。彼らはヤハウェが自分たちの民族主義的神であり、自分たちに土地を与えたのだとして、今もその神の名において土地の権利を主張しているのです。モーセによって神から直接与えられたと信じているトーラーの中にこれらのテキストが記録されており、それゆえ彼らはこれらのテキストを真正な神の言葉として受け入れているのです。

ユダヤ教徒のシオニストとユダヤ教の入植者は、パレスチナの土地（彼らはそれがイスラエル人の土地であると考えています）に対する自分たちの権利を正当化するためだけにではなく、パレスチナ人を追放することを正当化するためにも、聖書のテキストを利用してきました。

私たちがキリストを解釈基準として用いるとき、次のように問いかけます。このテキストは、イエス・キリストにおいて私たちに示され、啓示された神の愛を反映しているだろうかと。答えが明らかにノーであれば、そのようなテキストは何の道徳的、神学的価値もないのです。

私たちが愛を解釈基準として用いるとき、次のように問いかけます。すべての人々を平等に愛する愛の神が、その土地に住む先住民の民族浄化を命じるだろうかと。

さらに、世界人権宣言と国際法は民族浄化について何と言っているでしょうか。そして、日常の人間の道徳性と人間の品位はどうなのでしょうか。

過激なユダヤ人の一般的な答えはこうです。われわれは人権には関心がない、われわれが関心のあるのは神の権利である。言い換えれば、彼らは人権が要求するものよりも、むしろ彼らが神の要求と信じるものに忠実でありたいということなのです。

〈民族根絶の要求〉

（モーセはイスラエル人に言った）主があなたを導き入れ、多くの民、すなわちあなたにまさる数と力を持つ七つの民、ヘト人、ギルガシ人、アモリ人、カナン人、ペリジ人、ヒビ人、エブス人をあなたの前から追い払い、あなたの意のままにあしらわさせ、あなたが彼らを撃つときは、彼らを必ず滅ぼし尽くさねばならない。彼らと協定を結んではならず、彼らを憐れんではならない。（申命記七・一―三）[5]

このようなテキストが今日、キリスト者であれムスリムであれ、パレスチナ人を殺害したり追放したりするのを正当化するために用いられています。私たちは解釈学の鍵を用いて、こう尋ねます。これは、キリスト者がイエス・キリストによって知るようになった神なのでしょうか。これらのテキストは、キリストの精神を反映しているでしょうか。これらのテキストは、私たちがイエス・キリストにおいて見てきた神の愛を映し出し、表しているでしょうか。その答えははっきりとノーです。したがって私たちはこれらのテキストを、私たちにとっての神の言葉として受け入れることはできません。そのようなテキストは部族的で排外主義的な思考様式を反映したものであり、それは大部分、後に旧約聖書自体の中で批判され、退けられたものです。聖書学者の説によれば、バビロン捕囚以降、神に対する部族的で排外主義的な理解は、より包括的で、普遍的でさえある神理解に変容していったとされているのです。

〈復讐の神〉

アンモン人とモアブ人は主の会衆に加わることはできない。十代目になっても、決して主の会衆に加わることはできない。それは、かつてあなたたちがエジプトから出て来たとき、彼らがパンと水を用意して旅路で歓迎せず、アラム・ナハライムのペトルからベオルの子バラムを雇って、あなたを呪わせようとしたからである。（……）あなたは生涯いつまでも彼らの繁栄や幸福を求めてはならない。

（申命記二三・四－五、七）

神は恨みや憤りを将来の世代にまで伝えることで何を人々に求めておられるのでしょうか。そのような神の概念が部族的で排外主義的であることは明白です。しかしながら、バビロン捕囚以降、神は他民族のことをも気にかけられるという考えが発展していきます。神による救いはすべての人々に及ぶようになります。イザヤはこう語っています。

地の果てのすべての人々よ
わたしを仰いで、救いを得よ。

わたしは神、ほかにはいない。（イザヤ四五・二二）

最も明確なテキストはイザヤ書五六章に見出されます。そこで預言者イザヤは人種差別的問題性を乗り越え、過去において排除されていたすべての人々――宦官や異邦人――にまで神の抱擁を拡張します。神の契約を守るなら、神は宦官に「息子、娘を持つにまさる記念の名」（五節）を与え、異邦人には「わたしの祈りの家の喜びの祝いに／連なることを許す。（……）わたしの家は、すべての民の祈りの家と呼ばれる」（七節）と言われているのです。神はイスラエルの被差別民と異邦人を共に集めます。なぜなら彼らは皆、神の民だからです。

そのような素晴らしい啓示は、それ以前の排他的な宣言を批判するものです。それは新しい神学であり、包括的で新鮮な新しい神理解です。

〈究極の敵アマレク〉

アマレク人はパレスチナの南部、ネゲブ（古代のエドム）に住んでいた遊牧民です。古代イスラエル人がカナンへの旅を続けているときにアマレク人は極めて非友好的であったために、神は彼らを絶滅させようとします（申命記二五・一七―一九）。ユダヤ人の長い歴史を通して、アマレク人は悪の象徴となり、ユダヤ人の典型的な敵を表すようになったのです。

万軍の主はこう言われる。イスラエルがエジプトから上って来る道でアマレクが仕掛けて妨害した行為を、わたしは罰することにした。行け。アマレクを討ち、アマレクに属するものは一切、滅ぼし尽くせ。男も女も、子供も乳飲み子も、牛も羊も、らくだもろばも打ち殺せ。容赦してはならない。（……）サウルはハビラからエジプト国境のシュルに至る地域でアマレク人を討った。アマレクの王アガグを生け捕りにし、その民をことごとく剣にかけて滅ぼした。しかしサウルと兵士は、アガグ、および羊と牛の最上のもの、初子ではない肥えた動物、小羊、その他何でも上等なものは惜しんで滅ぼし尽くさず、つまらない、値打ちのないものだけを滅ぼし尽くした。

（サムエル上一五・二─三、七─九）

このテキストは、サウルが神の命令通りすべてのアマレク人を完全に滅ぼさなかったために、神は怒って彼を退けたと書いています。預言者サムエルは神の裁きを次のように伝えます。

「主が喜ばれるのは
焼き尽くす献げ物やいけにえであろうか。
むしろ、主の御声に聞き従うことではないか。
見よ、聞き従うことはいけにえにまさり

耳を傾けることは雄羊の脂肪にまさる。
反逆は占いの罪に
高慢は偶像崇拝に等しい。
主の御言葉を退けたあなたは
王位から退けられる」。（……）
こうしてサムエルは、ギルガルで主の御前にアガグを切り殺した。
（サムエル記上一五・二二－二三、三三）

このようなテキストは明らかに原始的な神理解と古代社会における部族的倫理を反映したものであり、字義通りに受け取ってはなりません。不幸なことに、パレスチナの諸宗教――ユダヤ教、キリスト教、イスラム教――にはどれにも、そのような字義通りで教条主義的なテキスト解釈を許容し、命じるような神学を持つ人々がいるのです。確かに、非理性的で人権に反する信念であっても、それに基づいて行動するのでなければ、そのような信念を抱くことは自由であるかもしれません。しかし、宗教的な観点から見て、女性や子どもが冷酷に殺戮されるときに神は喜ばれるのでしょうか。神は本当に、他の民族が食べ物や飲み物を差し出さなかったからといって、その民族に対する怨恨を永久に抱くように人々に求められるでしょうか。そのようなテキストを人々が神の言葉であると信じ、神の名において出かけ、他の民族を抑圧し殺戮するとき、彼らは神と仲間の人間に対して罪を犯しているのです。

神学的に言えば、アマレク人の物語には二つの深刻な問題が存在しています。一つはそれが神について何を語っているかということであり、もう一つは神の預言者サムエルについて何を語っているかということです。神は何百年も以前に遡るアマレク人に対する深い怨恨を抱き続ける部族の神として描かれ、今やアマレクの子孫すべてに報復を実行しようとしているのです。ここでは、神はすべての女性や子ども、家畜やその他の動物さえも含めて、アマレク人の完全な消滅を望んでいるように思えます。神は殺戮を実行する王と軍に対して盲従を求め、アマレク人に対して慈悲を示そうとする者を罰しようとしているようです。

これは報復に飢えた者の像に似せて造られた神です。この物語が慈悲と憐れみの神から生まれたはずはありません。それは暴力と報復を本質とする神の姿です。預言者サムエルは報復の神を映し出し、アマレク人を人間と見なさない服従するだけの死刑執行人です。

見よ、聞き従うことはいけにえにまさり、耳を傾けることは雄羊の脂肪にまさる。

（サムエル記上一五・二二）

「聞き従うことはいけにえにまさる」というのは、今日の過激なユダヤ人の間で人気のある言葉です。サムエルによれば、服従は礼拝にまさるのです。しかし、預言者ホセアの時代までに、神に対する知識は広がりました。ホセアはサムエルの神学を批判しています。彼は、絶えざる愛こそが礼拝にまさるということを明確にしました。

わたしが喜ぶのは
愛であっていけにえではなく
神を知ることであって
焼き尽くす献げ物ではない。

（ホセア六・六）

イエスはホセアの神学を確認し、それをさらに明確にしました。イエスは徴税人や罪人と食事をしたことで彼を批判した宗教的原理主義者に対して、「『わたしが求めるのは憐れみであって、いけにえではない』とはどういう意味か、行って学びなさい。わたしが来たのは、正しい人を招くためではなく、罪人を招くためである」（マタイ九・一三、一二・七）と言ったのです。デイヴィッド・K・シプラーは『アラブ人とユダヤ人――約束の土地における傷ついた魂』(6)の中で、キルヤト・アルバ〔ヘブロン〕のイェシヴァ〔タルムードを学ぶ学校〕の若い学生が、今日のアラブ人は神がユダヤ人に「永遠に戦い、滅ぼし尽くせ」と命じたアマレク人であると教えられていると述べています。

このことは多くの人々にとって驚きでした。今日では、ユダヤ教の入植者の数が増えるに伴って、それは常識になっています。パレスチナのアラブ人は、現代のアマレク人、ユダヤ人の敵と考えられているのです。在米ユダヤ教評議会理事長のアラン・C・ブラウンフェルドは次のように書いています。

一九七六年のイスラエル賞受賞者、エリエゼル・ワルデンベルグのように、ラビの中にはユダヤ教の法律であるハラハーは、できればアパルトヘイトのような制度によってユダヤ人とアラブ人を厳格に分離すること、もっとよいのは、すべてのゴイム、すなわち「非ユダヤ人」をエルサレムから追放することが必要と言明している者もいる。(……)また別のラビは、バル・イラン大学の学生新聞に寄稿し、トーラーは現代のアマレクに対するジェノサイドを定めていると論じている。[7]

イスラエル政府はパレスチナ人に人種差別的態度を取っていると欧米、とくにアメリカに受け取られないように常に注意を払っています。しかしながら、現在の右派政権(ネタニヤフの三期目）はパレスチナ人に対する人種差別的措置を実行するために過激な主張をする者たちの入植を許しているというのが現実です。私たちはすでに、パレスチナ人に対する民族浄化を正当化するために用いられている一連の聖書テキストを見てきました。しかし、ユダヤ教の宗教的文献の中には至るところにそのようなテキストが見出され、そのことは入植者が宗教的にも政治的にも力を増すにしたがって表面化してきました。ブラウンフェルドはすでに二十一世紀が始まってすぐに、ユダヤ教の宗教的文献における排外主義的自民族中心主義に警鐘を鳴らしています。[8] そのような資料は過激なユダヤ人入植者が、自分たちが住んでいる土地の所有者であるパレスチナ人への攻撃を鼓舞する源として用いられているからです。ほとんどのユダヤ教徒にとって、ハラハーやタルムードに定められていることは、ヘブライ語聖書の一部のテキストよりもはるかに拘束力があります。それは彼らの信念を形成し、パレスチナ人に対する彼らの行動を鼓吹するものです。[9]

ブラウンフェルドはそうした信念を簡潔にまとめていたのです。それらの信念はヘブライの預言者たちが批判し拒絶していた暴力的で偏狭な神を反映したものです。

〈いくつかの例〉

以下の例はいずれもパレスチナ・イスラエルの土地における状況に関連しており、パレスチナ人の生活に否定的な影響を与えるものです。イスラエルの人口に占める好戦的な入植者の割合は比較的小さいですが、その政治的影響力は強大になっています。入植地に住む閣僚やクネセト〔イスラエルの国会〕議員が増えているという事実から、入植者はますます大胆に咎められることなくパレスチナ人に敵対する行為を行えるのです。彼らは非ユダヤ人を侮辱していますが、自分たちの見解に反対するユダヤ人に対しては、さらに大きな憎悪を向けています。

- 正統的なユダヤ教の律法では、ユダヤ人と非ユダヤ人とは区別される。「ユダヤ人の身体は、世界のすべての民族の身体と全く異なる性質のものである」。ユダヤ人は異邦人より優れており、ユダヤ人の生命は無限の価値を持っている。ハラハーでは「人間」という語はユダヤ人にだけ用いられる。
- グッシュ・エムニーム〔イスラエルの戦闘的宗教的右翼入植運動〕のメンバーは入植地建設のためにアラブ所有の土地を没収するのは窃盗行為ではなく、聖別行為であると信じている。土地はサタンの領域から神の領域に移されることによって救い出され、このプロセスを進めるために必要であれば力の行使は許されるとしている。
- 原理主義者は、神がレバノンとその向こうの土地を含むイスラエルの土地すべてをユダヤ人に与えたのであり、イスラエルに住んでいるアラブ人は泥棒であると信じている。あるラビは「われわれは戦争という代価を払ってでもこの土地に住まなければならない。さらに平和があったとしても、この土地を征服するために解放戦争を起こさなければならないのだ」と言っている。

●ヘブライ大学の講師モルデハイ・ニサンは、マイモニデス（一二世紀）の書を典拠として、世界シオニスト組織の公的な刊行物で次のようにこの観点を表明している。「イスラエルの土地の内部に居住することを許されている非ユダヤ人は『税を払うことと、奴隷の屈辱を耐え忍ぶことを受け入れなければならない』」。

●原理主義者のユダヤ人は、ムスリムやその他の非ユダヤ人を殺害することを殺人であると認めるのを拒否している。なぜなら、ハラハーによれば、いかなる場合でもユダヤ人による非ユダヤ人の殺害は殺人とは見なされないからである。好戦的なラビ、モシェ・レヴェンガーはヘブロンのイブラヒーム・モスク〔訳注〕で二〇人のムスリムが殺されたことを気の毒に思うかどうかと尋ねられたとき、「私が気の毒に思うのは、死んだアラブ人よりむしろ、殺された蝿の命の方だ」と答えている。

イブラヒーム・モスク……アブラハム（イブラヒーム）の墓とされるマクペラの洞穴は、現在ヘブロンの一区画としてイスラエルに管理され、建造物の内部にシナゴーグとモスクが置かれている。一九九四年二月二五日、一人の過激なユダヤ人が多数のイスラム教徒を殺戮するという事件が起こっている。

●一二世紀のユダヤの詩人・哲学者ユダ・ハレヴィは、正統派の中で重要な思想家であり、主要な預言者と考えられている。ユダヤ人はその一言一句を学び、その思想にしたがって生活している。ユダはキリスト教とイスラム教を誹謗して言っている。「われわれに加わる異邦人は誰でも、われわれの幸運を共有するが、決して平等なのではない。(……)なぜならわれわれは人類から選り抜かれた者だからだ」。彼の有名な著作『クザリ』は人種差別的主張に満ちている。「アブラハムは最善の人間であったが、彼の中には悪い要素も含まれていて、それがイシュマエル〔訳註〕という形をとって現れたのだ」。

イシュマエル……アブラハムとエジプト人奴隷ハガルの間に生まれた子。アブラハムとサラの間に生まれたイサクがイスラエル民族の祖先とされるのに対し、イシュマエルをアラブ人の祖先とする宗教的伝統もある。

●超正統派はイスラエルの土地はユダヤ人の排他的財産であると考えている。土地のいかなる部分についてでもパレスチナ人に権限を与えることは、ユダヤ人入植者に損害を与えることになり、死に価する。それがラビン〔訳注〕が殺された理由である。

イツハク・ラビン……イスラエルの元首相。アラブ側との和平を進め、一九九三年にオスロ合意に調印し、一九九四年にはヨルダンとの平和条約に調印した。一九九五年一一月四日、テルアビブでの平和集会に出席後、和平反対派のユダヤ人青年イガール・アミールに至近距離から銃撃され死亡した。

●さまざまな宗教的文書が憎悪の炎を掻き立ててきた。神の名においてそのような襲撃を行う者は、自分たちが民族浄化のプロセスに携わっていると考えているため、多くの場合極めて暴力的になる。

●『ハアレツ』紙によれば、イスラエルの法務相はパレスチナ人の母親を殺害し、これ以上「蛇」を産ませないようにすることを呼びかけていた。[10] そのような言明が民族浄化とパレスチナ人のジェノサイドを支持する民事行政の責任者によって支持されていた。

このような人種差別主義を見るとき、私たちは正義に基づくパレスチナ・イスラエルの平和を達成することは果たして可能なのかと疑わざるを得ないのです。

〈人種的偏見と人種差別〉

エズラとネヘミヤが熱意に燃えて捕囚の地からエルサレムに戻ったとき、彼らはこの土地のユダヤ人社会を宗教的に、また公共的に組織するのに役立とうと望んでいました。ネヘミヤはユダヤ人社会の政治的・民事的な事柄を担当し、エズラは人々の宗教的な事柄を担当しました。両人ともペルシャ帝国に忠実な勅任官でした。両人ともが、厳格な宗教的方針に沿ってユダヤ人社会の生活を整えるのに強い熱意を持っていました。彼らは排他的な神学を強調しました。彼らは人々がモーセ五書に定められたとおりに律法を厳格に遵守することを期待しました。

エズラとネヘミヤは、ユダヤの住民が多民族、多人種の土地の地元民と通婚し、子孫を設けていることを発見しました。エズラにとってもネヘミヤにとっても、これは忌まわしい行為でした。それは罪であり、神に対する裏切りでした。モーセの律法はこう言っています。

彼ら（土地の住民）と縁組みをし、あなたの娘をその息子に嫁がせたり、娘をあなたの息子の嫁に迎えたりしてはならない。（申命記七・三、出エジプト三四・一六）

ネヘミヤはこの問題を彼の書物に記録しました。

またそのころ、ユダの人々がアシュドド人やアンモン人やモアブ人の女と結婚していることが、わたしに分かった。その子供たちの半数は、アシュドドの言葉あるいはそれぞれの民族の言葉を話し、ユダの言葉を知らなかった。わたしは彼らを責め、呪い、幾人かを打ち、その毛を引き抜き、神にかけて誓わせた。「お前たちの娘を彼らの息子の妻にしてはならない。彼らの娘をお前たちの息子の妻に、またはお前たちの妻にしてはならない」。(……)わたしはすべての異民族から彼らを清め、祭司とレビ人に守るべき務めを定め、それぞれその任務に就かせました。(……)わたしの神よ、わたしを御心に留め、お恵みください。

(ネヘミヤ一三・二三―二五、三〇、三一)

エズラの主張が全面的に述べられているのはエズラ記九章および一〇章です。祭司であるエズラは仲間のユダヤ人の多くがすでに非ユダヤ人を妻としていることを知って驚愕します。

彼らもその息子たちもこの地の住民の娘をめとり、聖なる種族はこの地の民と混じり合ってしまいました。長たちや役人たちが最初にこの背信の行為に手を染めたのです。

(エズラ九・二、聖書協会共同訳)

エズラはイスラエル人にこう命じます。

この地の民から、外国の女から離れなさい。

(エズラ一〇・一一、聖書協会共同訳)

エズラとネヘミヤは土地の女性と結婚していたユダヤ人に、神の律法に忠実であるために妻と子どもたちを追い出すように強制したのです。「そして彼らは妻を追い出すことに同意した」(エズラ一〇・一九、聖書協会共同訳)。

私たちは問います。一体どのような神が家族の離散を求めるのでしょうか。どのような神をエズラとネヘミヤは信じているのでしょうか。もちろんそれは人間が下した決定であり、それを神に帰しているのです。それは神の性質と本質についての人間の無知を反映したものです。この悲劇的な物語は「神がそうせよと命じた」と主張する宗教的ユダヤ人によって日々繰り返されています。神の言葉が真に神からのものであるという唯一の保証は、それが愛という解釈基準を満たしているときだけです。さもなければ、単に人間自身の恣意的な思考と利己的な願望を反映しているに過ぎないのです。神に帰されるものが他者に対する愛と正義と平和という神の意志と合致しているかどうかを決めるのに役立つのは愛という解釈基準なのです。

一部のための土地か、すべての人のための土地か

「あなたたちは、この土地を自分たちイスラエルの各部族に分けねばならない。この土地を、あなたたち自身とあなたたちの間に滞在し、あなたたちの間で子をもうけるにいたった外国人に、くじで嗣業として割り当てねばならない。彼らをイスラエルの子らの中で同じ資

格のある者として扱わねばならない。あなたたちと共に彼らにも嗣業をくじでイスラエルの部族の間に割り当てねばならない。外国人には、その滞在している部族の中で嗣業を与えねばならない」と主なる神は言われる。

（エゼキエル四七・二一－二三）

祭司であり預言者であるエゼキエルは捕囚時代に預言を書いています。彼自身もエルサレムとその神殿がバビロニア人に破壊される数年前に、バビロンに捕囚となりました。捕囚の期間にパレスチナの人口構成は変化しました。周辺地域から新たな人々が強制的に、あるいは自らの選択でやってきて、この土地の北部にも南部にも定住しました。エゼキエルは古い部族の境界は変わる必要があると信じていました。新しくもっと平等な土地の分割が不可欠だったのです。同時に、捕囚の経験は神と土地についてのエゼキエルの神学の視野を広げ、拡張しました。

エゼキエルはユダヤ人と非ユダヤ人の双方を含む新しい世代の住民に向けて書いています。神の聖性についての彼の新しい理解と彼の発展する神学は、未だに「異邦人」と呼ばれている人々の追放を神の意志とする思想を受け入れられませんでした。彼の神学はより大きく包括する方向に向けて開かれつつありましたが、彼の語彙はそれを十分に表現できませんでした。彼は、神がこの土地から異邦人と寄留者の追放を唱えることはないと信じていました。そうではなく、神は彼らを受け入れることを要求していました。土地は神に属するものであり、この土地のすべての人々はその素姓にかかわらず単に寄留者であり、借地人に過ぎないのだから、人々はみな慈悲深い神のもとで土地を分有し、土地のよい管理人にならなければなりません。「土地はわたし（＝神）のものであり、あなたたちはわたしの土地に寄留し、滞在する者にすぎない」（レビ二五・二三）ということは律法においてもすでに確定していたのです。

すでに挙げた民数記と申命記のテキストは、神についての人間の部族的理解を反映しています。部族的理解は、その本質上、排他的で狭隘なものです。しかし、エゼキエルの場合のように、いったん人々の神理解が開けてくると、排他的神学は時代遅れになり、より包括的な神学に置き換えることが必要になります。強調しておかなければならないのは、エゼキエルは神の名において語り、民族的背景に関係なく、すべての住民に平等に土地は分割されなければならないと要求しているということです。そのような解釈こそ、愛という解釈の鍵、自分自身のように隣人を愛することに適合するのです。

- 同時に強調しなければならないのは、パレスチナの土地を巡る政治的闘いにおいて、パレスチナ人はその土地の土着の民であり、決して寄留者ではないということです。仮に彼らがイスラエルによって寄留者と考えられているとしても、預言者の命令は彼らに土地を平等に分与するように命じています。

●現代の宗教的入植者と同様に古代イスラエル人も、土地の人々（パレスチナ人）を寄留者と考えています。しかし、この土地の土着の人々、つまりパレスチナ人が寄留者であるのは古代イスラエル人と現代の入植者にとってだけなのです。彼らは決してこの地にとってのよそ者ではありませんでした。実際、この地にとってかつてよそ者だったし、今もよそ者であるのはイスラエル人と現代の宗教的入植者なのです。アブラハムでさえ、ヘト人（ヒッタイト人）に対して自分が寄留者であると語りました。「わたしは、あなたがたのところに一時滞在する寄留者です」（創世記二三・四）。

●シュロモー・サンドは『ユダヤ人の起源[11]』の中で、一世紀にローマ人の手によってユダヤ人の追放が強制的に行われたという神話を論破しています。彼は、現代のユダヤ人の大半は、中東および東ヨーロッパに散在する出生地を持つユダヤ教への改宗者の子孫であると論じています。ということは、この土地の土着の民の多くもしくは大半は、カナンとイスラエルの古代部族を含む古代のパレスチナに居住していた人々の子孫ということになります[12]。したがって彼は、パレスチナ人こそが決してここを去らなかったこの地の真の民であると信じています。

レビ記を超える神学

エゼキエルが「外国人」(四七・二二)という言葉を語るとき、彼がモーセ五書における語と同じ単語〔訳注〕を用いていることは注目に値します。

寄留者があなたの土地に共に住んでいるなら、彼を虐げてはならない。あなたたちのもとに寄留する者をあなたたちのうちの土地に生まれた者同様に扱い、自分自身のように愛しなさい。なぜなら、あなたたちもエジプトの国においては寄留者であったからである。わたしはあなたたちの神、主である。(レビ一九・三三―三四)

著者は聖書における「寄留者」「よそ者」「外国人」にすべて同じ英語 alien を用いている。

エゼキエルの言葉は、おそらくほぼ同じ時期にまとめられたレビ記の伝承を、彼が意識していたことを示しています。このテキストによれば、寄留者(外国人)は抑圧されてはならず、愛され保護されなければなりません。現代の用語法でいえば、外国人の人権は他の市民と同じように尊重されなければならないということです。実際には、エゼキエルはレビ記のテキストより相当先に進んでいます。レビ記では在留外国人は依然この地で外国人のままであるのに対して、エゼキエルにおける在留外国人は土地を分与される権利のみならず土地を子々孫々まで相続する権利を享受しています。言い換えれば、彼らはもはや在留外国人ではないのです。エゼキエルでは、神はすべての市民の間での全面的で完全な平等を要求しているのです。

エゼキエル（あるいはその学派）が捕囚時代にトーラーの編纂のことを知っていたと想像することは可能でしょうか。レビ記の編纂に携わっていた人々は、保守的、伝統主義的で、宗教的には教条主義的な集団でした。彼らは律法の法的で厳格な遵守を要求していた排他的な古い学派を代表していました。ウォルター・ブルッゲマンはこう書いています。

紀元前五世紀における伝統の再定式化と古代イスラエルの相続者としてのユダヤ教の確定は、書記官エズラの指導の下に完成された。エズラはユダヤの伝統においてはモーセに次ぐ宗教的指導者として記憶されている。エズラはユダヤの共同体を「聖なる種族」（エズラ九・二）と呼んでいる。この言葉は生物学的アイデンティティを意図している。（……）排除は土地とイスラエル社会の純血性を保証するためのものだった。[13]

エゼキエル学派は、外国人を含むこの地のすべての民を包含しようとする、より開かれた包括的な神学を反映しています。レビ記は過去を理想化することによって過去を保存しようとしました。捕囚後の預言者たちは、未来を見据え、他者を包含する包括的神学を発展させました。前者は硬直し、教条主義的であり、後者は流動的であり、民主的なのです。

エゼキエルの命令は明確であり、寄留者とよそ者は抑圧されてはならず、ユダヤ人と平等な市民権を享受すべきだと考えるでしょう。一九四八年にイスラエルは「人種、信条、性に関わりなく、すべての市民に対する完全な社会的・政治的平等を支持する」と約束しました。[14] その後数か月のうちに憲法の起草が行われるとされていました。ところが、憲法は平等や表現の自由などの基本的権利を確立することになるからという理由で、この約束した目標は放棄されたのです。その代わりに、イスラエルは、自らをユダヤ国家と規定し、ユダヤ市民には特権的な地位を与えることで、その不平等を神聖なものとして固定化してしまいました。イスラエルのユダヤ市民はイスラエル「国民」とされますが、パレスチナ人はイスラエル国家の「国民」になることはできません。[15] すべての市民に共通するイスラエル国籍は存在しないのです。本質的に、両者の間には構造的な差別が組み入れられているのです。それが実生活において現れると、人種差別になり、完全な平等と平和への妨げになります。

ほとんどの欧米人はこの人種差別に気づいていません。欧米諸国では市民権（citizenship）と国籍（nationality）は同じ内容を持っています。市民はまた国民でもあります。ところがイスラエルではそうではありません。現代イスラエルは依然としてエゼキエルではなくレビ記の命令に縛られているようです。実際には、イスラエル国内であろうと占領下のパレスチナ領であろうと、パレスチナ人の人権を露骨に踏みにじることによって、レビ記の人権基準にも達していないのです。

明らかに、捕囚後の神と隣人、土地についてのエゼキエルの神学は新たな高みに達しています。王である神の名において、彼はこの地の民が共に土地を分かち合い、相続するように命じているのです。結局、土地は神に属しています。詩編の作者も次のように宣言しています。

地とそこに満ちるもの
世界とそこに住むものは、主のもの。
（詩編二四・一）

レビ記自体が次のように言っていないでしょうか。

土地を売らねばならないときにも、土地を買い戻す権利を放棄してはならない。土地はわたしのものであり、あなたたちはわたしの土地に寄留し、滞在する者にすぎない。
（レビ記二五・二三）

土地が神のものであり、すべての民が寄留者であり滞在者に過ぎないのであれば、神が土地の土着の人々の追放と絶滅を命じるなどということはあり得ません。そのような民族浄化を呼びかけたのは、神についての限られた知識と理解しか持たなかったモーセや人間たちなのです。そのような記述は、数百年の後に書き記されました。それは、神についての部族的・排他的理解を反映したものであり、そのような理解は後に神をより包括的に見るようになった成長・発展的な理解によって乗り越えられたのです。神が冷酷で暴力的、排他的な神から進化して慈悲深い、優しい、包括的な神になったということではありません。そうではなく、大きな変革を遂げたのは人間の神に関する理解です。

より保守的な傾向や観点を持つキリスト教の学者の中には、それを別の形で説明する方が適切だと感じる者もいるかもしれません。彼らは神の啓示と霊感を通じて、神についての知識が発展したのだと言うでしょう。また、人間の理性の重要性を付け加える者もいるでしょう。重要な点は、排他的・部族的な思考方法が、神についての成長する知識と理解へと発展し変化したその動きを見て取ることです。言い換えれば、この地の土着の人々の民族浄化と絶滅は神の命令ではなく、人間の命令だったのです。それらは、多くの原始的民族が持っていたが結局は時代遅れになった宗教的部族文化の構成部分でした。悲劇的なことに、私たちは今でも、そのような思想を脱ぎ捨てるのを拒み、時代遅れの排他的・部族的神学にしがみつき、その神学が極端な形では他者に対する暴力的な行動と冷酷な犯罪となって現れるのです。

宗教的ユダヤ人の中には、パレスチナ人とイスラエル人の双方を含めてすべての住民が自由に平等に住む必要があるというエゼキエルのビジョンに賛成する者もいるでしょう。しかし、土地に対する主権はどうなるのでしょう。土地は誰のものなのでしょう。

一方では、財産や民族、軍事力、あるいは宗教的主張に基づくいかなる集団にも特権を与えることなく、すべての市民が法の下での全面的な平等を享受する単一国家という解決策を想定するならば、決定的要素となるのは投票箱になります。私たちは二十一世紀に暮らしており、歴史の動向は軍事力によって押しつけられる解決策や、何千年も昔に遡った宗教的主張に基づく解決策を正当化しはしないということを強調することは重要です。歴史の動向は、紛争解決の基礎としての国際法を尊重し、実行する方向に向かっています。

他方では、もしも私たちが二国家の解決策を想定しているならば、パレスチナ人は土地に対する分有権と主権を疑う余地なく合法的に与えられることになります。土地に対する彼らの権利は所与のものです。彼らはこの地の土着の民です。この地は法令上も彼らのものです。部族的神による部族的約束に基づいて宗教的ユダヤ人が全体の土地の所有権を主張するのは受け入れがたいことです。[16]

当時の他の神学者に対するエゼキエルの批判

実際、エゼキエルは彼と同時代の数名の神学者を批判しています。彼は個人が犯した罪や犯罪は、その家族の他のメンバーによって償われなければならないという、広く流布していた神学を批判しました。それは集団的懲罰という古い部族的慣習で、時に目には目をという同害報復を超えることがあります。預言者エゼキエルは神の名において、次のように宣言しています。

> 罪を犯した本人が死ぬのであって、子は父の罪を負わず、父もまた子の罪を負うことはない。正しい人の正しさはその人だけのものであり、悪人の悪もその人だけのものである。
>
> （エゼキエル一八・二〇）

悲しいことに、未だにそのような犯罪行為を実践している社会があります。それは、何千年にもわたる部族的信念と行動の残滓《ざんし》です。一部のテロリスト集団だけではなく、国家テロを実行している一部の政府は、わずかな人々の罪のために無実の人々を懲罰するという憎むべき罪を犯しているのです。

イスラエル政府は、エゼキエルがその民に教えようとしている教訓から学んでいなかったのです。彼らはパレスチナ人に対して集団的懲罰を実行しています。彼らは一人や二人の「犯罪」のために家族全体と町全体を罰しています。彼らはその家族の家を解体し、多くの人々を自ら犯したのではない犯罪のためにホームレス状態に追いやっています。そうすることで、イスラエルは国際法に真っ向から違反しているのです。悲しいことに、アメリカ政府の庇護のゆえに国際社会はイスラエルの責任を問うことができませんでした。

同様に、祭司エゼキエルにとって、土地の所有権は民による律法の厳格な遵守に依存するのではなく、人々の聖性に依存するものでなければなりませんでした。エゼキエルは律法の外面的な厳守より律法の精神を理解することを求める点で、祭司また預言者としての役目を果たしました。

すべてを包み込む一人の神という新しい理解に向けた動きが捕囚期に結実し始めたとはいえ、捕囚後の預言者の中にも神の排他的理解と包括的理解の間を揺れ動いていた者もいたのです。それにもかかわらず、包括性へ向かう動きは前進し、成長してゆきます。私たちはそのことを、後で論じるようにヨナの神学においてはっきりと見ることができます。

パレスチナ問題とどのように関わっているか

トーラーの中にはこの地の土着の民の問題について、排除か絶滅かという二つの解決策しかないのは明白です。いずれの選択肢をとっても悲惨な結果となります。それは創造主の侮辱であり、仲間の人間に対する非人間的な行為であるからです。一方で、エゼキエルはこの地の土着の民に関して民数記と申命記を批判しています。他方で彼は、新しい神理解に基づく別の神学を提唱しています。この地のすべての民はその民族的背景に関わりなく、正義と平和のうちに共生し、土地を分有し、神に与えられたよき土地を享受しなければならないのです。結局のところ、土地とそこにあるすべてのものは、愛の神に属するものであり、この神はすべての子孫を平等に愛し、配慮されるのです。

エゼキエルの神学は、神の愛、隣人に対する愛という解釈基準に合致するものです。これこそが、パレスチナ解放の神学が提唱し、擁護する神学です。

一部の人のためのエルサレムか、すべての人のためのエルサレムか

捕囚の経験が、捕囚後のユダヤ人社会の内部に少なくとも二つの主要なイデオロギー、あるいは二つの運動を引き起こしたことは明らかです。この二つは神学的スペクトルの正反対の両極に立っています。[17] 第一のものは、伝統的な律法主義的神理解によって過去を保持しようとし、第二のものは、民を未来へと進める進歩的でダイナミックな神を見ていました。双方のイデオロギーは人々に宗教的・政治的な影響を与えました。

エルサレムの問題に関する地元の非ユダヤ人指導者からの反対に対して、ネヘミヤは、エル

サレムは排他的にユダヤ人のものであると明確にきっぱりと説明しました。ネヘミヤにとって非ユダヤ人は「エルサレムの中に領分もなければ、それに対する権利も記録もない」（ネヘミヤ二・二〇）のでした。エルサレムは聖書の説明によればユダの町ではなく、その土着の民エブス人（カナン人）の意志に反してダビデが力で征服した町である（サムエル下五・六－九）という事実をネヘミヤの言葉は無視しています。エブス人ならネヘミヤの排他的な言葉に反論したことでしょう。エルサレムにおけるエブス人の権利と歴史的権利はどうなるのでしょう。当時もエルサレムについてのネヘミヤの言葉は意味をなさなかったのです。二十一世紀のエルサレムにそれが当てはめられるとき、その言葉はどれほど受け入れがたいものになるでしょうか。

都市としてのエルサレムは歴史的・宗教的に発展を止めることはありませんでした。世界の都市の中でも独特の存在です。そこには世界の三大宗教にとって豊かな遺産と伝統が存在し、決していかなる一つの信仰による独占も許さないのです。歴史は動き、進化することを止めません。一つの宗教と国家がその意思を押しつける軍事力を持っているからといって、三つの宗教のどれか一つについて、その正統な存在を一掃したり、否定したりするのは愚かなことです。

ネヘミヤの排他的神学に対する最初の批判的反応が、捕囚後のユダヤ人社会の内部から生まれたということを強調することは重要です。

聖なる山に基を置き
主がヤコブのすべての住まいにまさって愛される
　シオンの城門よ。
神の都よ
　あなたの栄光について人々は語る。
「わたしはラハブ（エジプト）とバビロンの名を
　わたしを知る者の名と共に挙げよう。
見よ、ペリシテ、ティルス、クシュをも
　この都で生まれた、と書こう。
シオンについて、人々は言うであろう
この人もかの人もこの都で生まれた、と」。

いと高き神御自身がこれを固く定められる。
主は諸国の民を数え、書き記される
この都で生まれた者、と。

歌う者も踊る者も共に言う
「わたしの源はすべてあなたの中にある」と。　（詩編八七編）

詩篇八七編の作者は、神とエルサレムについてのネヘミヤの狭隘な理解を批判しています。この詩編作者は、エルサレムの城門のところに立って、やって来る人々を登録している神を描いています。神は古代イスラエルとユダの最悪で不倶戴天の敵であるエジプト人やバビロニア人、ペリシテ人を含むすべての人々をエルサレムに歓迎しているのです。この詩編作者の神についての神学は驚くほど包括的なものです。神はすべてを歓迎し、すべてを抱擁する神です。比喩的にも霊的にも、神は敵を含むすべての人々をエルサレムに生まれた者として顧みています。すべての人々はエルサレムに属し、エルサレムは彼らすべてに属しています。

詩編作者は、エルサレムにふさわしいビジョンを表現しているのです。それはいかなる国や宗教にも独占されるものではなく、すべての人のために開かれた都市でなければなりません。この詩編作者の時代でさえ、排他的なエルサレムは考えられなかったのです。エルサレムは神の町であり、神は包括的ですべてを抱擁し、愛してやまない神なのですから、エルサレムはすべての住民にとって包括的でなければなりません。

一九六七年戦争におけるイスラエルの占領以来、イスラエルはエルサレムから非ユダヤ住民の大半――ムスリムとキリスト者――を追い出すための法律や規則を制定してきました。しばしば聞かれるスローガンは「エルサレムはユダヤ人のもの」です。しかし、エルサレムが専らユダヤ人のものであった時代を歴史の中に探すのは困難です。聖書の説明（サムエル下五・六―九）によれば、既に述べたようにエルサレムは小さなカナン人の町で、ダビデが征服し、彼の首都としたのです。イスラエル政府は、エルサレムの主権を共有することを頑強に拒絶してきました。東エルサレムは一九六七年にイスラエルによって占領されたパレスチナ西岸地区の一部であり、イスラエルによる占領の継続は国際法の下では違法であることを忘れてはなりません。イスラエルは未だに、包括ではなく排除の神学に生きているのです。悲劇的なことに、今日のイスラエルに住むユダヤ人の大半、ことに宗教的入植者は、エルサレムに対するいかなる包括的解決をも拒否しています。ネヘミヤの言葉は、彼らの頑強な信念を代表していま す。エルサレムをイスラエル人とパレスチナ人が分かち合うことになれば、この地のすべての人々にとっての平和と幸福に大きく貢献することになるだけでなく、解決困難に思えるパレスチナ・イスラエル紛争全体の平和的・非暴力的解決の鍵になることでしょう。

戦争の神か、平和の神か

旧約聖書における宗教思想の発展を反映するもう一つの重要な例は、戦争の問題に関わっています。出エジプトの物語によれば、古代イスラエル人がエジプトを去るとき、彼らはファラオとその軍に追撃されました。神はモーセに次のように命じます。

「海に向かって手を差し伸べなさい。水がエジプト軍の上に、戦車、騎兵の上に流れ返るであろう」。モーセが手を海に向かって差し伸べると、夜が明ける前に海は元の場所へ流れ返った。エジプト軍は水の流れに逆らって逃げたが、主は彼らを海の中に投げ込まれた。水は元に戻り、戦車と騎兵、彼らの後を追って海に入ったファラオの全軍を覆い、一人も残らなかった。

モーセとイスラエルの民は主を賛美してこの歌をうたった。
主に向かってわたしは歌おう。
主は大いなる威光を現し
馬と乗り手を海に投げ込まれた。
（……）
主こそいくさびと、その名は主。

（出エジプト一四・二六—二八。一五・一、三）

学者たちによれば、古代においてイスラエルの諸部族は、カナン（パレスチナ）で他の諸部族の間で暮らしていました。彼らは多数の神々を崇拝する多神教徒でした。古代中東における主要な神の一人がエルでした。エルはカナン人の間では父なる神であり、神々の王でした。「ユダヤ人の神（ヤハウェ）が次第にカナンのエルから発展したことはほぼ確かに思える」[18]。出エジプト記一五章三節はヤハウェを戦争の神と見ています。聖書には二八〇回以上も「ヤハウェ・ツェバオート」についての言及があります。「ツェバオート」とは「軍勢」という意味で、この語はしばしば「万軍の神」と訳されます。

「ツェバオート」という語は、多くの教会の礼拝式文の中に用いられています。

聖なるかな、聖なるかな、聖なるかな、万軍の神、主の栄光は天地に満つ

主流派教会の多くは「ツェバオート」を「力と勢い」と言い換えています。そのようにした方が、現代の礼拝参列者には分かりやすいのです。古代の「ツェバオート」という語は、たいていの人々には理解不可能です。

詩編二四編
地とそこに満ちるもの
世界とそこに住むものは、主のもの。
主は、大海の上に地の基を置き
潮の流れの上に世界を築かれた。
（……）
城門よ、頭を上げよ
とこしえの門よ、身を起こせ。栄光に輝く王が来られる。
栄光に輝く王とは誰か。強く雄々しい主、雄々しく戦われる主。
城門よ、頭を上げよ
とこしえの門よ、身を起こせ。栄光に輝く王が来られる。
栄光に輝く王とは誰か。万軍の主、主こそ栄光に輝く王。（セラ）
（詩編二四・一－二、七－一〇）

この詩編の最初の数節は全世界の造り主であり所有者である神についての美しく包括的な神学を表しています。また、神の臨在の下に入る者にとっての倫理的義務を言い表しています。

雰囲気は最後の四つの節で変化します。そこでは威厳と栄誉をもって勝利のうちに自らの神殿に入る偉大な戦士としての神が描かれています。

イザヤ書四二章一三節

主は、勇士のように出で立ち
戦士のように熱情を奮い起こし
叫びをあげ、鬨の声をあげ、敵を圧倒される。

詩編六八編二二、二八、三二節

神は必ず御自分の敵の頭を打ち
咎のうちに歩み続ける者の
髪に覆われた頭を打たれる。

しかし、その後、詩編はこう歌っています。

神よ、力を振るってください。

闘いを望む国々の民を散らしてください。

すでに述べたように、神概念に関する聖書の中の宗教思想の発展は、多くの神々の中の一人の神であるヤハウェから、最も偉大な神へ、そして唯一の神に変化しています。また、戦争の神から平和の神へ、戦争の強調から平和と非暴力のビジョンへと変化しているのです。この新しいビジョンの最も明確な表現は、イザヤ書二章二－四節およびミカ書四章一－五節に見出されます。これらのテキストは、キリスト者によっても、ユダヤ人によっても、すべての人々にとっての包括的で普遍的な平和のビジョンを反映しているものとして読まれるのが普通です。それは、戦争と戦争の道具となることへの拒否なのです。このテキストはまた、他の民族とその信仰理解を尊重し、受け入れる宗教間共存のビジョンでもあります。イザヤは諸国民の間の政治的な普遍的平和で満足しているのに対して、ミカは人々が互いの宗教を尊重する宗教間共存の次元を付け加えています。そのような平和のビジョンは、今もなお、希望を必死に求めている世界にとって一筋の希望の光であり続けています。

イザヤ書二章二－五節（平和と非暴力のビジョン）

終わりの日に

主の神殿の山は、山々の頭として堅く立ち
どの峰よりも高くそびえる。
国々はこぞって大河のようにそこに向かい
多くの民が来て言う。「主の山に登り、ヤコブの神の家に行こう。
主はわたしたちに道を示される。
わたしたちはその道を歩もう」と。
主の教えはシオンから
御言葉はエルサレムから出る。
主は国々の争いを裁き、多くの民を戒められる。
彼らは剣を打ち直して鋤とし
槍を打ち直して鎌とする。
国は国に向かって剣を上げず
もはや戦うことを学ばない。
ヤコブの家よ、主の光の中を歩もう。

ミカ書四章四－五節（平和と宗教間共存のビジョン）

人はそれぞれ自分のぶどうの木の下

いちじくの木の下に座り

脅かすものは何もないと

万軍の主の口が語られた。

どの民もおのおの、自分の神の名によって歩む。

我々は、とこしえに

我らの神、主の御名によって歩む。

新約聖書の時代までに、神概念は十分に確立され、神の性質も鮮明になっていました。イエス・キリストにとって、平和のために働く人々はすべて神の子なのです。「平和を実現する人々は、幸いである、その人たちは神の子と呼ばれる」（マタイ五・九）。新約聖書の手紙は、神を常に平和の神と呼んでいます。ローマの信徒への手紙一五章三三節で、パウロは次の言葉で彼の手紙を結んでいます。「平和の源である神があなたがた一同と共におられるように」。またパウロは「神と主イエス・キリストからの恵みと平和が、あなたがたにあるように」という言葉で手紙を書き出しています。真の神は平和の神でなければならないのです。

ヨナの神学

旧約聖書神学の核心は、短いヨナ書に集約されています。この物語は紀元前四世紀も終わりに向かう頃、自分の共同体における生の状況を省察している才能ある神学者によって書かれました。捕囚は遠い過去のこととなり、その教訓の多くはずっと以前に忘れ去られていました。イザヤやエレミヤのような預言者たちの著作に現れた包括的神学は色あせ、多くの人々は部族的な思考に退化していました。他の諸国民に対してより開放的になる代わりに、彼らは神と隣人に対して一層排他的な理解に逆戻りしつつありました。神は彼らの排他的な神であり、彼らは排他的に選ばれた民であるという神学的「特例主義」へと戻りつつあったのです。神学的に進歩的なこの有能な筆者は、国の状況を分析し、この宗教的停滞に働きかけなければならないと感じ、預言者のヨナを主役として選んだのです。ヨナは以前に数か国に住んでいたことがあり、共同体の中では熱心な民族主義的預言者として記憶されていました。彼はアッシリア人を心の底から憎んでいました。アッシリアが彼の国、イスラエル王国を征服し、破壊したからです。ヨナは彼の民の滅亡によって悲嘆にくれ、絶望していました。ヨナは彼の神がアッシリア、特にその首都ニネベを跡形もなく消し去ることによって、彼の民の血に対する報復をするように願っていたのです。ヨナ書の筆者である神学者にとって、ヨナはユダヤ人社会が当時直面していた中心的な宗教的病に働きかけるための手段となる理想的な人物を表していました。

物語は神がヨナにアッシリア（現代のイラク）の首都ニネベに行って、ニネベの人々に神に立ち帰り、悪を悔い改めるように呼びかけるように命じるところから始まります。ヨナには神がそんなことを命じるとは信じられませんでした。どうして神は、敵に対して悔い改めを説くために彼を遣わすなどという考えを抱くようになったのか。なぜ彼の神がアッシリア人のことを気にかけ、ましてや彼らの救いを求められるのか。彼らはヨナの不倶戴天の敵であり、彼の神は王侯を含むニネベの民を完全に消し去るべきである。ヨナは神に怒り、少なくとも失望しました。そして彼がなすことのできる最も礼儀正しい行動は、神から逃げることでした。ヨナはヤッファ（現在はテルアヴィヴの近くにあるヤッファの町）の港に向かい、タルシシュ（現在のスペインにある土地とされる）行きの帆船に乗り込みました。ヨナにとっての神は土地と結びついた神であり、タルシシュは国境の外なので、彼を見つけることはできないと確信していました。

旅が進んでいくと、海上の大嵐がすべての船乗りと乗客の命を脅かしました。人々は恐れ、自分たちの神々に救いを祈り求めました。船乗りたちは積み荷を海に投げ捨て、船を軽くしようとし始めました。しかし、風と嵐はなおも荒れ狂います。そこで船乗りたちはくじを引いて、誰が神を怒らせ、このような災厄が引き起こされたのか知ろうとしました。くじはヨナに当たり、ヨナは自分が神から逃げていることを白状しました。唯一の解決策はヨナを海に放り込むことでした。彼らは恐怖と不安に駆られつつ、ヨナを海に投げ込みました。嵐はたちまち収まり、海は静かになりました。神は一頭の巨大な魚を送ってヨナを呑み込ませ、ヨナは魚の腹の中から神に祈りを捧げました（ヨナ二章）。三日の後、魚はヨナを海岸に吐き出しました。

神はヨナにニネベに行って、破滅が迫っているというメッセージを伝えるよう再び命じます。そして、ヨナはしぶしぶ出かけていきます。

ヨナは叫びます。「あと四十日すれば、ニネベの都は滅びる」（同三・四）。これが彼のメッセージでした。すると驚いたことに、国王を含むニネベの民は粗布をまとい、灰の上に伏し、彼らの悪業を悔い改めたのです。神はすべての人々が悔い改めたのを見て、思い直してニネベの都を滅ぼさないことに決めました。このことでヨナは怒り、都の外に出てニネベには何が起こるかを見ようとしました。町が破壊されなかったとき、ヨナは怒りに燃え、神に自分の命を取って欲しいとさえ願いました。

神はとうごまの木を生えさせ、イラクの強い太陽からの日陰をヨナのために作らせました。ヨナはとうごまの木が与えてくれた快適な日陰をとても喜びました。翌日、神は虫を送り、虫にとうごまの木の根を食い荒らさせたので、木はたちまちにして枯れて死んでしまいました。熱い日差しがヨナの頭上に照りつけたとき、彼は一層怒り、死んでしまいたいとさえ願いました。

神はヨナに言われた。

「お前はとうごまの木のことで怒るが、それは正しいことか」。

彼は言った。

「もちろんです。怒りのあまり死にたいくらいです」。

すると、主はこう言われた。

「お前は、自分で労することも育てることもなく、一夜にして生じ、一夜にして滅びたこのとうごまの木さえ惜しんでいる。それならば、どうしてわたしが、この大いなる都ニネベを惜しまずにいられるだろうか。そこには、十二万人以上の右も左もわきまえぬ人間と、無数の家畜がいるのだから」。


（ヨナ四・九―一一）

こうして、この美しい物語は問いかけに終わり、読み手と聞き手に正しい結論を引き出すことを委ねています。

著者の神学者が伝えようとしているのは、三つの重要な教訓です。

第一に、神とは誰かということです。神は唯一の生ける神、主権者である神であり、全世界の神です。神はヨナの敵にさえも恵みに富み、慈悲深く、愛に満ちていることをヨナは見出しました。なぜなら、それが神の本質だからです。神は包括的な神です。神の愛と配慮は、彼の不倶戴天の敵であるアッシリアの人々を含むすべての人々と民族を包含します。神は正義の神であり、悪を憎み、すべての人々の正しい生活を要求します。神は解放者、贖い主である神であり、すべての人々の解放と贖罪を求めておられます。神はヨナにアッシリアに行き、アッシリアの人々が悪の道から解放されることを望まれました。この神にのみ、礼拝と賛美、崇敬が献げられるべきです。

第二に、神の民とは誰かということです。ヨナはユダヤ人が唯一の神の民であると信じるように育てられました。彼らは選ばれた特別な神の民なのです。しかし、ヨナに明らかになったのは、神の民とは一つの人種的・民族的集団に限られないということでした。神の民はすべての人々を包含します。ヨナの最悪の敵であるニネベの民も神の民の中に含まれるのです。

第三に、どの土地が神の土地なのかということです。ヨナの物語が強調しているのは、神に属する何か特定の土地はないということです。神は全世界の神です。土地についてのヨナの神学は、彼自身の国に限定されていました。彼は神が部族の神であり、カナン、すなわち古代のイスラエルおよびユダ王国の外部にあるその他の土地や民族を顧みたり、配慮したりすることはないと信じていました。神はヨナに、神はすべての土地と、すべての人々の倫理的・道徳的生き方を気にかけておられるという教訓を教えなければなりませんでした。他のすべての土地と同様に、アッシリアの土地も神の世界の一部なのです。

地とそこに満ちるもの
世界とそこに住むものは、主のもの。（詩編二四・一）

ヨナの物語を通じて、旧約聖書はその神学的頂点に達します。しかしながら、悲劇的なことに、それは排他的な人種主義的神学の死を意味しませんでした。緊張は続き、私たちはそれを日々目撃しています。真正な信仰の課題は、神と隣人、土地についての神学に関して排他的なものを克服して打ち破り、包括的なものを受け入れることです。

上のようにヨナの物語の意味を詳しく説明したのは意図してのことです。というのも、それは現代の病弊に語り続けているからです。ヨナの物語は、現代の排他的神学に対して強調されなければなりません。暴力と戦争を擁護するために聖書を用いることが可能なように、正義と平和を推し進めるために聖書を用いることも可能なのです。同様に、排他的な神の名においてパレスチナ人の抑圧を正当化し、民族浄化ですら正当化することが可能なように、パレスチナ人とイスラエル人の間での土地の分かち合いと平和的な調和の取れた生活を促進することも可能です。それはすべて、聖書の読み手のレンズと、彼らが用いる解釈学的鍵にかかっています。

ヨナの物語には、神と神の民、土地についての旧約聖書神学の究極的な事柄を集約的に表す強いメッセージが含まれています。そのメッセージは明白です。それは上に述べた三点についてのいかなる狭い排他的な神学をも破棄し、拒絶するものであり、すべてが生まれる根源である神の包括性というメッセージを称揚しています。ヨナの物語で旧約聖書は事実上終わります。ヨナの神学がその神学的頂点にあるのです。旧約聖書はそれから、イエス・キリストの宣教へと、新約聖書神学へと移っていくのです。したがって、ヨナの神学は旧約聖書自体の中にある真正な聖書のメッセージを突き止め、計り知るためのよい解釈学的基準になり得るという結論を下すことが可能です。言い換えれば、ヨナ書の著者は旧約聖書神学の「排他主義」を打ち砕くことができたのです。それから彼は私たちに、真の宗教と信仰についての神学的言明を提示します。すなわち、真の信仰は排他的な形態の宗教を拒否し、ただ一人の包括的な神、世界の創造主である神に信頼を置くということです。神の民についての真正な理解は、排他的な人種的優越性をすべて拒否し、すべての人々が神の民であるということを受容します。土地についての真正な理解は、その土地の人々の否定、追放、民族浄化をもたらす一民族による排他的独占を拒否し、真理と正義に基づいて他者（パレスチナ人）と土地を分かち合うように人々に呼びかける包括的な見方を受容します。これがヨナ書の真のメッセージであり、それは今日の私たちにとって、霊的、道徳的、神学的のみならず政治的な妥当性をもっています。

結論　排他的神学と包括的神学の昔と今

1　旧約聖書全体に、二つの異なる宗教思想の糸が貫いていることを示すために、すでに十分に書き記しました。一つは排他的な思想で、私たちに民族中心的な（戦いの）神をもたらし、律法に対する律法主義的で厳格な遵守を求めます。もう一つは、人種的・民族的背景に関わりなくすべての人々を愛し、抱擁する包括的で普遍的な神です。この二つの思想は、いずれも捕囚時代と捕囚後にはっきりとしてきました。

2　モーセ五書の中には、土地の土着の人々という「問題」に対する解決策は二つしかありません。追放か絶滅かです。預言者エゼキエルはその神学を批判し、神の名において、ユダヤ人を含むこの地の多民族・多人種の住民に対する新たな解決策を提唱します。それらの住民は、平等の基礎の上に、正義と平和の内に、土地を分かち合い、そこに住み、土地を相続し、神が彼らに与えたよい土地を享受する必要があるのです。

3　同じことがエルサレムにも当てはまります。ネヘミヤはエルサレムの共有を拒む排他的なユダヤ人共同体を築こうとしました。今日未だに、古ぼけた部族的神学にしがみついているユダヤ人や欧米のキリスト教シオニストがいます。そうした神学は極端な形を取ると、パレスチナ人に対する暴力的行為と残虐な犯罪となって現れます。

4　捕囚後の預言者たちは、しばしば神についての排他的理解と包括的理解の間を揺れ動きますが、一人の神についての新しい包括的理解はバビロン捕囚の間に結晶し始め、そこへ向かう動きが徐々に勢いを増していきました。

5　暴力と戦争を擁護するために聖書を用いることも、正義と平和を促進するために聖書を用いることも可能です。同様に、排他的な神の名においてパレスチナ人に対する抑圧、民族浄化すらも正当化するのが可能であるように、パレスチナ人とイスラエル人の間の土地の分かち合いと平和的で調和のある生活を促進することも可能なのです。それはただ私たちがどのような解釈学的鍵を用いるかにかかっています。真の信仰の課題は、神と隣人、土地についての神学において排他的なものを克服し、包括的なものを受容することです。

6　この課題を最も鮮明に見ることができるのはヨナ書です。真の信仰は排他的な形の宗教を拒否し、一人の神、万人の創造主であり主である神に信頼を置きます。神の民についての真正な理解は、民族的優越という排他的なビジョンを拒否し、すべての人々が神の民であることを受容します。土地についての真正な理解は、追放と民族浄化をもたらす一民族による排他的独占を拒否し、他民族との真理と正義に基づく土地の分かち合いに同意します。ヨナ書のメッセージは、今日の私たちにとって、深遠な霊的、道徳的、神学的、政治的妥当性を持っているのです。

7　ヨナの物語で、旧約聖書はその神学的頂点に達します。ヨナは旧約聖書に内在する解釈学的基準を提供します。それを通じてキリスト者もユダヤ人も、旧約聖書の互いに衝突するテキストと伝統を読んでふるいにかけることができます。そうすることで、パレスチナ人とその他のキリスト者にとって、旧約聖書はイエス・キリストの宣教へと、新約聖書の神学へと移っていくのです。

第7章
キリストこそが鍵

新約聖書はヨナと偉大な預言者たち、一部の詩編の神と他民族に関して著された旧約聖書の神学における最善のものが与えられたとして受け取っています。新約聖書は、旧約聖書の伝統をイエス・キリストの来臨の光に照らして神学的に深め、拡張し、再解釈する方向に向かっています。それはまた、新約聖書に記録されたキリストの来臨の中で、またそれを通して理解された神についての人々の理解をさらに発展させています。しかしながら、人間の本性のために、神学的な教訓は容易に忘れ去られるものです。したがって、それらの教訓は繰り返し、繰り返し、次の世代によって教えられ学ばれなければならないのです。

神と隣人についての理解を広げ、深める

イエスの時代には、神が一人であるということはユダヤ人宗教共同体の中では問題ではありませんでした。神は唯一であるという信念はすでに充分に確立されていました。常に問われていたのは、神の本質と性格でした。捕囚後の預言者たちの内部の動きは、神についての包括的理解と排他的理解の間を揺れ動く傾向にありました。排他性対包括性の問題は今日もなお未解決のままです。というのは、それは人間の本質、人間の理性、人間の気性、そして人間の心理と関わっているからです。預言者アモスに始まり、その後の捕囚期と捕囚後の預言者たちに、私たちは神の包括的性質の強調と排他性に対する意識的批判を見て取ることができます。イエスの到来によって、神の性質に対する私たちの理解はさらに明確なものになります。

イエスの時代には、宗教的ユダヤ人たちは既に、シェマア[1]に表現されるようにユダヤ教信仰の基礎を固めていました。元来、シェマアは次の節のみから成り立っていました。

聞け、イスラエルよ。我らの神、主は唯一の主である。

それはユダヤの一神教を要約したものです。ユダヤ人の家庭の戸口の柱に掛けられているメズザーに記されているバージョンは、申命記六章四－九節と一一章一三－二一節の両方を含ん

でいます。ユダヤ人の朝夕の祈りで唱えられているものでは、民数記一五章三七－四一節が付け加えられています。

マルコ福音書一二章二八－三四節の中で、律法学者がイエスに尋ねます。

「あらゆる掟のうちで、どれが第一でしょうか」。イエスはお答えになった。「第一の掟は、これである。『イスラエルよ、聞け、わたしたちの神である主は、唯一の主である。心を尽くし、精神を尽くし、思いを尽くし、力を尽くして、あなたの神である主を愛しなさい』。第二の掟は、これである。『隣人を自分のように愛しなさい』。この二つにまさる掟はほかにない」。

興味深いことに、この質問は「第一」にしなければならない掟についてです。イエスはシェマアを引用することによって正しい答えを与えました。しかしイエスは、それだけに留まりませんでした。イエスは質問の意図をはるかに超え、第二の掟を付け加えたのです。

明らかなのは、隣人を自分のように愛するという第二の掟（レビ一九・一八）が神を愛するという掟と同等のものとして理解されたことはそれまでなかったということです。このことは通常シェマアの拡張と考えられている聖書テキスト（申命記六・四－九、一一・一三－二一、民数記一五・三七―四一）を見直すとはっきりとしてきます。第二の掟は、これらのテキストではそべられていないのです。申命記では見出されることすらありません。レビ記では「主はモーセに仰せになった」という一般的な但し書きの下に記される儀式や掟、規則の長いリストの一部として書かれています。この但し書きは、レビ記のどのセクションや章でもその始めに繰り返し記されており、そこでは安息日の遵守や犠牲、個人的行為や性的行為、法的な事柄から一連のその他の問題に及ぶ種々雑多なトピックが取り扱われています。

「隣人を自分のように愛しなさい」という掟を直接の文脈に置いて見ると、テキストは次のようになっています。

心の中で兄弟を憎んではならない。同胞を率直に戒めなさい。そうすれば彼の罪を負うことはない。復讐してはならない。民の人々に恨みを抱いてはならない。自分自身を愛するように隣人を愛しなさい。わたしは主である。（レビ一九・一七―一八）

この直近の文脈では、第二の掟は特別なものとして強調されていません。それは周囲の一般的な文脈に収まっています。

「隣人」と訳されているヘブライ語の単語は、そのような意味を文字通り持っているわけではありません。適切な訳は「自分自身を愛するように同胞を愛しなさい」なのです。伝統的で正統派のユダヤ教はこのことを「同胞としての人間」ではなく「あなたの同胞のユダヤ人」として理解しています。[2]

したがって、重要な問題は、この二つの掟を結びつけたのがイエスの独創なのか、イエスの時代のユダヤ人がすでに用いていたのかということになります。これは全く困惑させる問題です。というのも、第二の掟になったものは、申命記のシェマアの伝統とは異なる伝統から生まれてきたものだからです。

ユダヤ教の伝統の中にはもう一つの興味深いエピソードがあります。それは、二人の高名な賢者に片方の足で立っていられる間にトーラーを教えて欲しいと頼んだ異邦人についての話です。ラビ・シャンマイはそんなことはできないといって彼を追い払いました。他方、ラビ・ヒレルは「あなたにとって嫌なことは、あなたの隣人に対してもしてはならない。それがトーラーのすべてであって、残りの部分はその注釈である。行って学びなさい」(「シャバット篇」三一a)と答えました。[3] この物語で驚くべきなのは、ヒレルがシェマアの文言を答えとして用いなかった点です。彼はまた、隣人を自分のように愛するというレビ記に記されている章句も用いませんでした。そうではなく、否定的な用語法によって隣人とどう関係するかの文を作ったのです。もっと目につくのは、ヒレルが彼の答えを「トーラーのすべて」と見なしているということです。最初の掟はどうなったのでしょうか。

イエスが最初にレビ記のテキストを取り上げ、それを重要なものとしたということはあり得ることでしょうか。イエスが最初にそれに包括的な意味合いを与えたということはあり得ることでしょうか。レビ記のテキストを第二の重要な掟と定めたのが、「この二つにまさる掟はほかにない」(マルコ一二・三二)と言ったイエスに遡ることはあり得ることでしょうか。イエスが最初にこの小さな命令の地位を引き上げ、それを普遍化することによって「最も重要な掟」の一つにしたということはあり得ることでしょうか。イエスが初めて、この掟の包括的な解釈によって、隣人に対して正義を行う重要性を強調したということはあり得ることでしょうか。『インタープリーターズ・バイブル』によると「申命記六章四節とレビ記一九章一八節bの二つの『重要な掟』を最初に結合して律法の要約としたのは、おそらくイエスが最初であろう。それ以前の教師たちがそうした形跡は存在しない[4]」とされています。

レビ記一九章一八節を引用する際に、イエスが「同胞」あるいは「民の人々」という元来のテキストの言葉遣いを無視しているということは注目に値します。これらの言葉は、この掟の排他的解釈を可能にします。これらの言葉を取り除くことによって、イエスは包括的な解釈の道を開き、そこには結局敵に対する愛さえもが包含されるのです。

それは同胞のユダヤ人、ローマ人、サマリア人、敵を含むその他の異邦人に対するイエスの行動において非常に明確に現れます。彼はその民族的・人種的背景に関わりなく、人々の病を癒しました。このイエスの神学は、善いサマリア人の物語（ルカ一〇章）において不滅のものとなります。このサマリア人は、憐れみをもって敵であるユダヤ人、おそらくユダヤ人の強盗に暴行されたユダヤ人被害者に助けの手を差し伸べました。さまざまな物語を用いて、イエスは隣人愛についての狭い排他的な解釈を永遠に打ち砕いたのです。

従って、イエスにとっては二つの重要な掟は切り離しがたく互いに結びついています。神に対する愛は、仲間の人間に対する愛と切り離すことはできません。事実、神に対する私たちの愛を試す唯一の試金石は隣人に対する愛なのです。では、この神学から生まれるその他の真理とはなんでしょうか。

1　私たちは心を尽くし、精神を尽くし、思いを尽くし、力を尽くして、神を愛さなければならないだけではありません。イエス・キリストにおける福音は、神が私たちを愛し、全世界を愛して下さっているということです。これこそが、イエス・キリストによる第一の大きな革命です。

2　キリストにおいて、私たちが神を愛するより先に、神が私たちを愛してくださっていることを私たちははっきりと知っています。神を愛するということは、神の愛が神に対する私たちの愛に先行するということを認識するときに、新たな次元を持つようになります。
3 キリストにおいて、この愛の神が私たちを愛して下さるだけでなく、私たちの中で迷い出た者をも探し求めて下さることを理解します。キリストはよい羊飼いであり、失われた羊を探し、すべての羊の世話をして下さるのです。
4 今一つの真理は、私たちが隣人を愛さないなら、神を愛していると言うことはできないということです。「『神を愛している』と言いながら兄弟を憎む者がいれば、それは偽り者です。目に見える兄弟を愛さない者は、目に見えない神を愛することができません。神を愛する人は、兄弟をも愛すべきです。これが、神から受けた掟です」（Iヨハネ四・二〇－二一）。これがイエス・キリストによる第二の大きな革命です。
5 キリストにおいて、私たちは神の愛が宗教や人種、民族、性、出身背景、志向性に関わりなく、すべての人々を包み込み包括することを知っています。
6 神の性質は一度として変化したことはありません。永遠から永遠へ、神は愛の神であったし、今もそうであり、これからもそうであり続けます。神は決して戦争と暴力の神から平和と慈しみの神に発展したわけではありません。発展したのは、神についての私たちの限られた知識です。同様に神は常に一人であり、唯一の真の神でした。一人の神が現実であるという真理に導かれるまで多くの神々を作り出し礼拝してきたのは私たちなのです。

7　キリスト者にとって、人間に対する神の愛の最善の啓示は、イエス・キリストの生を通じて私たちのところにもたらされました。それはイエス・キリストの十字架上での死と復活を通じてもっとも真正な仕方で表されました。

8　神と隣人に対する愛をイエスが強調していることは、真正な宗教的信仰の核心を反映しています。

解明しなければならないもう一つの重要な側面があります。第一の掟についての人々の理解に弱点があることを探り当てたのはイエスであったと考えることができます。一方において、ユダヤ人が神はひとりであり、心を尽くし、精神を尽くし、思いを尽くし、力を尽くして神を愛さなければならないという偉大な発見を成し遂げたことを誇るのは正しいことです。他方において、神を愛することを王に対する臣下の義務、支配者と為政者に対する国民の義務のように考えるのは人間の傾向です。神による保護と配慮のために愛が求められていると考えてしまうのです。しかし、キリストの偉大な革命は、神の私たちに対する愛を強調したことにあり、それは第一の掟には含まれていない事実であるということです。隣人愛の導入によって、イエスは二つの愛の相互作用と、その愛を規定する試金石を確かなものにしました。ローマの信徒への手紙の中で、パウロは私たちが他者に対して借りがあるのは愛だけだとしています。

互いに愛し合うことのほかは、だれに対しても借りがあってはなりません。人を愛する者は、律法を全うしているのです。「姦淫するな、殺すな、盗むな、むさぼるな」、そのほかどんな掟があっても、「隣人を自分のように愛しなさい」という言葉に要約されます。愛は隣人に悪を行いません。だから、愛は律法を全うするものです。

（ローマ一三・八―一〇）

イエスは後に、弟子たちに隣人愛で満足してはならないと教えています。さらに進んで、敵を愛さなければならないというのです。これがイエスが導入した第三の偉大な革命です。

あなたがたも聞いているとおり、「隣人を愛し、敵を憎め」と命じられている。しかし、わたしは言っておく。敵を愛し、自分を迫害する者のために祈りなさい。あなたがたの天の父の子となるためである。父は悪人にも善人にも太陽を昇らせ、正しい者にも正しくない者にも雨を降らせてくださるからである。

（マタイ五・四三―四五）

これはルカ福音書の善いサマリア人の物語で明らかにされます。

すると、ある律法の専門家が立ち上がり、イエスを試そうとして言った。「先生、何をしたら、永遠の命を受け継ぐことができるでしょうか」。イエスが「律法には何と書いてあるか。あなたはそれをどう読んでいるか」と言われると、彼は答えた。「『心を尽くし、精神を尽くし、力を尽くし、思いを尽くして、あなたの神である主を愛しなさい、また、隣人を自分のように愛しなさい』とあります」。イエスは言われた。「正しい答えだ。それを実行しなさい。そうすれば命が得られる」。しかし、彼は自分を正当化しようとして、「では、わたしの隣人とはだれですか」と言った。イエスはお答えになった。「ある人がエルサレムからエリコへ下って行く途中、追いはぎに襲われた。追いはぎはその人の服をはぎ取り、殴りつけ、半殺しにしたまま立ち去った。ある祭司がたまたまその道を下って来たが、その人を見ると、道の向こう側を通って行った。同じように、レビ人もその場所にやって来たが、その人を見ると、道の向こう側を通って行った。ところが、旅をしていたあるサマリア人は、そばに来ると、その人を見て憐れに思い、近寄って傷に油とぶどう酒を注ぎ、包帯をして、自分のろばに乗せ、宿屋に連れて行って介抱した。そして、翌日になると、デナリオン銀貨二枚を取り出し、宿屋の主人に渡して言った。『この人を介抱してください。費用がもっとかかったら、帰りがけに払います』。さて、あなたはこの三人の中で、だれが追いはぎに襲われた人の隣人になったと思うか」。律法の専門家は言った。「その人を助けた人です」。そこで、イエスは言われた。「行って、あなたも同じようにしなさい」。

（ルカ一〇・二五－三七）

イエスは伝統を再解釈する

イエスが生みだした神学的な運動を明らかにするために、私たちはイエスがどのようにユダヤ人と異邦人に関わったかに注意を払う必要があります。イエスは生涯の働きを通じて、排他性を拒絶し、包括性を強調されました。イエスは人種的偏見と人種差別を白日の下にさらし、それらと対決されました。四つの福音書は多くの実例を含んでいます。ここで、最初の三つの福音書からいくつかの例を取り出してみましょう。

〈マタイによる福音書〉

1　一・一－一六――イエス・メシア（キリスト）の系図には一連の異邦人の女性が含まれています。カナン人であるタマル、〔訳注〕モアブ人であるルツ、ヘト人（ヒッタイト人）であるバトシェバ（ウリヤの妻）などです。マタイが意図的にこれらの女性に言及しているのは、神の救いが全世界に向けられていることを示すためです。そして、これらの女性の中に評判がよくない人もいることにより、神の救いが正しい人だけでなく、正しくない人にも向けられていること、健康な人だけでなく、病気の人にも向けられていることを示しています。

2　二・一－一二――イエスのもとを最初に訪れ、贈り物をし、ひれ伏して拝んだ占星術の学者（マギ）たちはユダヤ人ではなく、異邦人でした。

3　八・一〇―一二――最初に記録されている奇跡は、ユダヤ人の重い皮膚病（レプラ）患者とローマの百人隊長の僕《しもべ》に起こりました。イエスは百人隊長の信仰を賞賛し、こう言われました。「はっきり言っておく。イスラエルの中でさえ、わたしはこれほどの信仰を見たことがない。言っておくが、いつか、東や西から大勢の人が来て、天の国でアブラハム、イサク、ヤコブと共に宴会の席に着く。だが、御国《みくに》の子らは、外の暗闇に追い出される」。

4　一五・二一―二八――イエスはカナンの女性の娘を癒します。癒しは特権的な血統に限られるのではなく、信仰によるのです。イエスは彼女にこう語ります。「婦人よ、あなたの信仰は立派だ。あなたの願いどおりになるように」（二八節）。

創世記三八章には明記されていないが、タマルをカナン人（あるいはヘト人）とする説がある（フランシスコ会訳ほか）。

〈マルコによる福音書〉

1　一・一四―一五――ヘブライ語聖書では土地の問題が支配的なのに対して、イエスの宣教で支配的なのは神の国です。それは福音書の際立った主題になっています。「イエスはガリラヤへ行き、神の福音を宣べ伝えて、『時は満ち、神の国は近づいた。悔い改めて福音を信じなさい』と言われた」。イエスの宣教が神の国、すなわち神が統べ治める国に中心が置かれていることは諸福音書から明らかです。私たちが神の国について語るとき、それは正義と公正について語っているのです。同様に、古代イスラエルにとっては土地の問題が要となっていますが、キリストを信じる人々にとっては神の国が要となっています。

2 五・一―二〇――イエスは異邦人の土地に行き、悪霊に取りつかれた人を癒します。

3 一一・一五―一七――「それから、一行はエルサレムに来た。イエスは神殿の境内に入り、そこで売り買いしていた人々を追い出し始め、両替人の台や鳩を売る者の腰掛けをひっくり返された。また、境内を通って物を運ぶこともお許しにならなかった。そして、人々に教えて言われた。「こう書いてあるではないか。『わたしの家は、すべての国の人の／祈りの家と呼ばれるべきである』。／ところが、あなたたちは／それを強盗の巣にしてしまった」。

〈ルカによる福音書〉

1 四・一四―二九――イエスは故郷のナザレで人々の人種差別に直面しました。イザヤ書を朗読するときに、イエスは章句の途中で止まり、非ユダヤ人に対する神の報復を求めるのを拒絶しました。いにしえの時代でさえも神は、飢饉の時に預言者エリヤを非ユダヤ人のやもめの許に遣わし、彼女とその幼い息子という異邦人の生存を気にかけていたことをイエスは明確に述べました。また、神は重い皮膚病にかかっていたシリアの将軍を預言者エリシャに癒すのを許しました。

2 七・一－一〇――イエスはローマの士官の僕を癒します。

3 九・五一－五六――イエスが村に入るのを歓迎しなかったサマリア人たちを焼き滅ぼすために天から火を降らせようとした弟子たちをイエスは叱ります。そうすることでイエスは、天から火を降らせ、隊長と五十人の兵士を焼き尽くした預言者エリヤの殺戮行為（列王記下一・九－一六）を問題視したのです。

4 一〇・二五－三七――イエスは善いサマリア人の物語を語り、強盗の犠牲になったユダヤ人を救ったサマリア人をこの物語の主人公にしました。

5 一七・一一－一九――イエスは重い皮膚病にかかっている一〇人の人を癒しました。その内の九人はユダヤ人で、一人はサマリア人でした。イエスに感謝するために戻って来たのはサマリア人だけでした。神はユダヤ人と異邦人を区別しません。すべての人が神の子なのです。

パウロは伝統を再解釈する

使徒パウロにとって、アブラハムへの土地に関する神の約束を含む古代イスラエルの伝統全体は、イエス・キリストの来臨に照らして解釈されなければならないものでした。鍵になる二つのテキストは、ガラテヤの信徒への手紙とローマの信徒への手紙の中にあります。ここでの目的は、これらの章句に焦点を当てることです。それらは今日のパレスチナ・イスラエルにおける神学的・政治的状況に関わり、影響を与えるものだからです。

ガラテヤは今日のトルコの中央部に位置するローマ帝国の属州でした。そこには信仰生活を送るキリスト者の小さな会衆がいくつかありましたが、そこにユダヤ人キリスト者のある一団が、おそらくエルサレムからやって来て、キリストの福音について偽りの教えと誤った解釈を彼らに広め始めました。彼らの教えは、よいキリスト者になるには、異邦人キリスト者はイエス・キリストの教えに加えてユダヤの律法を遵守する必要があるというものでした。そのことを知ったパウロは怒り、ガラテヤの信徒たちに手紙を書いたのです。パウロは、救済と解放はキリストに対する信仰を通じてのみ訪れ、モーセの律法を守ることとは何の関係もないと強く主張しました。パウロは律法が過去のものであると信じていました。重要なのはキリストへの信仰です。

ガラテヤの信徒への手紙とローマの信徒への手紙のそれぞれにあるテキストに見られるパウ

ロの論点の要旨を見てみましょう。
〈ガラテヤの信徒への手紙三章六－九節〉
パウロは次のように書いています。

それは、「アブラハムは神を信じた。それは彼の義と認められた」と言われているとおりです。だから、信仰によって生きる人々こそ、アブラハムの子であるとわきまえなさい。聖書は、神が異邦人を信仰によって義となさることを見越して、「あなたのゆえに異邦人は皆祝福される」という福音をアブラハムに予告しました。それで、信仰によって生きる人々は、信仰の人アブラハムと共に祝福されています。

〈ガラテヤの信徒への手紙三章一五－一八、二二節〉
さらにパウロはこう続けます。

兄弟たち、分かりやすく説明しましょう。人の作った遺言でさえ、法律的に有効となったら、だれも無効にしたり、それに追加したりはできません。ところで、アブラハムとその子孫に対して約束が告げられましたが、その際、多くの人を指して「子孫たちとに」とは言われず、一人の人を指して「あなたの子孫とに」と言われています。この「子孫」とは、キリストのことです。わたしが言いたいのは、こうです。神によってあらかじめ有効なものと定められた契約を、それから四百三十年後にできた律法が無効にして、その約束を反故にすることはないということです。相続が律法に由来するものなら、もはや、それは約束に由来するものではありません。しかし神は、約束によってアブラハムにその恵みをお与えになったのです。（……）それは、神の約束が、イエス・キリストへの信仰によって、信じる人々に与えられるようになるためでした。

〈ガラテヤの信徒への手紙三章二三―二四、二六、二八―二九節、四章六―七節〉

パウロは続けます。

信仰が現れる前には、わたしたちは律法の下で監視され、この信仰が啓示されるようになるまで閉じ込められていました。こうして律法は、わたしたちをキリストのもとへ導く養育係となったのです。わたしたちが信仰によって義とされるためです。（……）あなたがたは皆、信仰により、キリスト・イエスに結ばれて神の子なのです。（……）そこではもはや、ユダヤ人もギリシア人もなく、奴隷も自由な身分の者もなく、男も女もありません。あなたがたは皆、キリスト・イエスにおいて一つだからです。あなたがたは、もしキリストのものだとするなら、とりもなおさず、アブラハムの子孫であり、約束による相続人です。(……)あなたがたが子であることは、神が、「アッバ、父よ」と叫ぶ御子の霊を、わたしたちの心に送ってくださった事実から分かります。ですから、あなたはもはや奴隷ではなく、子です。子であれば、神によって立てられた相続人でもあるのです。

〈ローマの信徒への手紙四章一三―一七節〉

神はアブラハムやその子孫に世界を受け継がせることを約束されたが、その約束は、律法に基づいてではなく、信仰による義に基づいてなされたのです。律法に頼る者が世界を受け継ぐのであれば、信仰はもはや無意味であり、約束は廃止されたことになります。実に、律法は怒りを招くものであり、律法のないところには違犯もありません。従って、信仰によってこそ世界を受け継ぐ者となるのです。恵みによって、アブラハムのすべての子孫、つまり、単に律法に頼る者だけでなく、彼の信仰に従う者も、確実に約束にあずかれるのです。彼はわたしたちすべての父です。「わたしはあなたを多くの民の父と定めた」と書いてあるとおりです。死者に命を与え、存在していないものを呼び出して存在させる神を、アブラハムは信じ、その御前でわたしたちの父となったのです。

ここでパウロの論議の要点をまとめましょう。

1　創世記（一五・六）には、アブラハムは神を信じ、「主はそれを彼の義と認められた」と記されています。アブラハムが義とされたのは彼のよい業のゆえではなく、神に対する信仰と信頼のゆえでした。つまりパウロにとって、信仰を持つすべての人がアブラハムの子孫だということになります。

2　神はアブラハムに、彼によって地上のすべての氏族と国民が祝福に入ると約束されました[5]（創世記一二・三、一八・一八）。パウロにとって、この約束はキリストの到来を意味しています。神は異邦人が信じる者になり、信仰者アブラハムにおいて祝福される時を予見しておられたのです。

3　パウロはその主張を固めるために、神の約束を再解釈します。アブラハムとその子孫に対する神の約束は、キリストに関するものであって、イスラエルの子孫に関するものではないとパウロは言っています。それは複数形の「子孫たち」ではなく、単数形の「子孫」なのです。言い換えれば、アブラハムに対する神の約束は、イエス・キリストの到来を意図しており、それによって成就されるのです。

4　つまり、神のさまざまな目的の中で、アブラハムに対する約束は「神の約束が、イエス・キリストへの信仰によって、信じる人々に与えられるようになるため」(ガラテヤ三・二二)に与えられたということです。

5　神学的に言えば、この約束は決して物理的な一部の土地についての約束ではないとパウロは論じているということです。ところが、古代イスラエルはそのように神の約束を理解し、古代の律法学者もそのように表現しました。そうではなくて、神の約束は全世界と全人類に関するものなのです。それは律法には何の関係もなく、世界の解放と救済に向けられた神の恩恵に関わることなのです。

6　だからこそ、アブラハムは神が子孫に土地ではなく世界(cosmos)を受け継ぐことを約束されたと書いています(ローマ四・一三)。彼は神の約束をキリストの到来に照らして、またキリストの救済の恩恵に照らして解釈しています。

7　神の約束は、アブラハムの信仰によるもので、それは律法の授与よりも四〇〇年以上も前のことです。仮にもし土地の相続が律法に基づくものであれば、それは無効となるでしょう。なぜならアブラハムには土地を相続する法的な根拠がないからです。アブラハムの妻のサラが死んだとき、彼は土地の地元民にところへやって来て、彼女を葬る場所を求めました。彼は神の約束による相続権を主張しませんでした。彼はその土地のどの部分にも法的権利を持っていませんでした。創世記の物語は、アブラハムが埋葬の土地を手に入れるのに代金を支払わなければならなかったと言っています。
8　パウロは神の約束は恩恵によるもので、アブラハムの子孫すべてに、律法に忠実な者にも、アブラハムと信仰を共にするものにも与えられると述べています（ローマ四・一六）。
9　本質的にパウロは創世記に描写されている神の約束を拒否しています。彼は全体的な見方をしています。創世記の見方は、局地化された限定的なものです。パウロはキリストへの信仰ゆえに、全世界の解放と救済を含む神の目的を表現する包括的な見方をすることができるのです。
10　従って、いかなる人間的不平等もキリストにおいて一掃されます。「そこではもはや、ユダヤ人もギリシア人もなく、奴隷も自由な身分の者もなく、男も女もありません。あなたがたは皆、キリスト・イエスにおいて一つだからです」（ガラテヤ三・二八）。
11　「あなたがたは、もしキリストのものだとするなら、とりもなおさず、アブラハムの子孫であり、約束による相続人です」（ガラテヤ三・二九）。確かにパウロは、ユダヤ人が約束をいかに理解し、自分たちだけのものとしているかわかっていたのですが、その意味を改めることにしたのです。
12　多くの宗教的ユダヤ人は、歴史における神の計画の中心に自分自身を置いてきました。欧米のキリスト教原理主義者の多くは歴史における神の計画の中心にユダヤ人を置いてきました。誰であれユダヤ人に触れるものは神の目の瞳に触れているというのです（ゼカリヤ二・一二）。彼らはエルサレムを世界の中心と見なしています。諸国民はこぞってそこに向かい、シオンから主の言葉が出るというのです（イザヤ二・二－四）。パウロがキリストに出会う前に信じていたのがそのような考えであったことは確かです。

13　しかし今や、パウロは物事をキリストのレンズから見るようになりました。そして正反対の見方をしています。中心に立つのはキリストなのです。これが意味するのは、すべての人々に対する神の無条件の愛であり、万人に対する正義と慈愛であり、万人に対する平和と和解なのです。

創世記となる伝承を捕囚後に収集し、編集した祭司と律法学者たちがユダヤ人に対する土地の約束に不適切なまでに強調を置いたのは、おそらくエルサレムと二つのユダヤ人王国が破壊されたという事実と、その国に起こった人口的変化によるものと覚えておくことは重要です。彼らはユダヤ人にだけなされた約束という主張を確認し、具体化し、再度確認することを求めました。それは、他の誰かがどんな反対要求をも出すことがないようにするためでした。ブルッゲマンは次のように書いています。

もっともあり得るのは、土地の約束と土地の受領という大きな伝統が聖書にある最終的な形態を取るようになったのがこの危機の時代であったということである。この約束の最終的な形態は歴史の長い過程を経たものだが、それは再建の時に正統性を与えられ、確認された。われわれが知っている土地の約束は、大部分は、紀元前五世紀の伝統主義者の手によるものであり、それがその後のユダヤ教の揺るぎない確信になったのである。(6)

ヨハネは伝統を再解釈する

ヨハネによる福音書は私たちを別の水準に連れて行きます。この福音書の記者は、イエス・キリストに対する信仰の光に照らして旧約聖書を再解釈するために、一連の神学的論点を提示します。二、三の例を挙げましょう。

〈創造はキリストの光に照らして再解釈される〉

ヨハネはキリストを神の創造の業に含めています。

初めに言《ことば》があった。言は神と共にあった。言は神であった。この言は、初めに神と共にあった。万物は言によって成った。成ったもので、言によらずに成ったものは何一つなかった。

（ヨハネ一・一―三）

〈選びはキリストの光に照らして再解釈される〉

選びも再定義されています。選びは信仰を通じるもので、肉体的血統に結びつくものではありません。選びは人種や民族ではなく、信仰に基づくものです。ヨハネ福音書の記者は明確に記しています。

しかし、言は、自分を受け入れた人、その名を信じる人々には神の子となる資格を与えた。この人々は、血によってではなく、肉の欲によってではなく、人の欲によってでもなく、神によって生まれたのである。

（ヨハネ一・一二－一三）

ヨハネは使徒パウロの次の主張を肯定しています。

それとも、神はユダヤ人だけの神でしょうか。異邦人の神でもないのですか。そうです。異邦人の神でもあります。実に、神は唯一だからです。この神は、割礼のある者を信仰のゆえに義とし、割礼のない者をも信仰によって義としてくださるのです。

（ローマ三・二九－三〇）

あなたがたは皆、信仰により、キリスト・イエスに結ばれて神の子なのです。（……）あなたがたは、もしキリストのものだとするなら、とりもなおさず、アブラハムの子孫であり、約束による相続人です。

（ガラテヤ三・二六、二九）

この神学は、マタイによる福音書によっても確証されています。

イエスはこれを聞いて感心し、従っていた人々に言われた。「はっきり言っておく。イスラエルの中でさえ、わたしはこれほどの信仰を見たことがない。言っておくが、いつか、東や西から大勢の人が来て、天の国でアブラハム、イサク、ヤコブと共に宴会の席に着く。だが、御国の子らは、外の暗闇に追い出される。そこで泣きわめいて歯ぎしりするだろう」。

（マタイ八・一〇－一二）

この教訓は明瞭です。選びは定義し直され、解釈し直されています。かつて選びは特権的少数者のものであると信じられていました。旧約聖書においても一部の人々にとってそれは開かれたものとなっていました。しかし、キリストにおいて、選びは祖先や血統とは何の関係もなく、信仰と結びついているということが次のとおり明確になったのです。「しかし、言は、自分を（……）信じる人々には神の子となる資格を与えた。この人々は、血によってではなく、肉の欲によってではなく、人の欲によってでもなく、神によって生まれたのである」（ヨハネ一・一二―一三）[7]

〈土地の神学はキリストの光に照らして再解釈され、書き改められる〉

土地は旧約聖書においては中心的な問題です。それは神がアブラハムに与え、イサクとヤコブ、その十二人の子に対して繰り返し与えられた約束の核心です。ヤコブは兄のエサウから逃げているときに、外で夜を過ごし、夢の中で梯子が天から降りてきて、その脚が地上に届き、神の御使いたちが昇り降りしているのを見ました。彼はカナンの地についてヤコブとその子孫に対する永遠の約束を繰り返す神の声を聞きました。

ヨハネ福音書の記者はこの約束に新しい解釈を施します。イエスがナタナエルにこう言うのです。「はっきり言っておく。天が開け、神の天使たちが人の子の上に昇り降りするのを、あなたがたは見ることになる」（ヨハネ一・五一）。ヤコブの梯子の脚は、地上に置かれるのではなく、イエス・キリストに置かれています。

言い換えれば、重要なのはもはや土地ではなく、イエス・キリストです。土地はもはや神が人々に忠実さを示す手段ではありません。（……）キリスト教の視点からは、土地はもはや契約上の重要性を持ちません。神との新しい契約の基礎は、イエス・キリストの人格に置かれています[8]。

土地についての考え全体が再解釈され、新しく把握されます。

1　土地についての私たちの神学は、創造主である神に始まります。神が大地を造り、大地は神のものです。私たちは寄留者、滞在者に過ぎません（レビ二五・二三）。創造主に対する私たちの応答は、常に崇敬と賛美でなければなりません。

2　受肉の教理、すなわち神がキリストにおいて私たちと同じ人となったという信仰は、大地と私たちの人間性に新しい神学的重要性を与えます。神はキリストにおいて私たちの人間性を聖なるものとされました。

3　私たちは大地を大切に世話しなければなりません。地球は私たちの故郷であり、神の愛の配慮によって私たちに与えられたものです。私たちは人間による地球の搾取、あるいはその濫用を許してはなりません。私たちは神の世界のよい管理人になることを委ねられています。世界を将来の世代が住むことのできないような場所にすることは避けなければならず、押しとどめなければなりません。

4 私たちはすべての人類の福利のために配慮しなければなりません。私たちは、神によって与えられ、キリストによって聖なるものとされた私たちの身体に対する責任を持っています（Ⅰコリント六・一九－二〇）。

5 私たちは神によって与えられた世界のそれぞれの地域に大きな責任を負っています。私たちは正義と真理のために働く必要があります。国際法に表されたような正義に基づいて、私たちは平和を築き、隣人と平和のうちに暮らさなければなりません。

6 私たちは民族主義を乗り越え、国際主義の立場を取らなければなりません。国際法が国々の関係の根本的な基礎にならなければなりません。

7 人間として、私たちは私たちの生地、故郷、ルーツ、そして記憶を大切にします。人間として故郷はかけがえのないものですが、私たちは民族中心の狂信と人種差別を乗り越えなければなりません。私たちの共通分母は私たちに共通する人間性です。私たちの人間性が相違を乗り越え、互いに受け入れ合い、相違を尊重することを可能にするのです。

8 この世界は、地球という故郷となるべく、神によって私たちに与えられました。それはすべての人のものです。信仰が何であれ、私たちはすべて、私たちを愛する創造主の目からは尊いものです。この地球は、美しいモザイクです。それをありのままに保とうではありませんか。

スコットランド教会が「アブラハムの嗣業？『約束の土地』についての報告書」の中で表明した立場はここで考察するのに値します。

二十一世紀のキリスト者にとって、イスラエルの土地についての約束は文字通りに受け取ったり、あるいは特定の地理的領土に当てはめたりすべきものではない。その約束は、神の許でいかに暮らし、正義と平和が支配し、弱く貧しい人々が守られ、寄留者が受け入れられ、すべての人が社会の中で自分の分を持ち、社会に貢献できるかを表す一つの方法なのである。聖書の中の「約束の地」は場所なのではなく、神の民の間で物事がどうあるべきかを示す暗喩《メタファー》なのである。この「約束の地」はどこにでも見出され、築くことができる。(9)

〈儀式的清浄はキリストの光に照らして改変される〉

ガリラヤのカナでの婚宴において、儀式的清めに用いる六つの石の水瓶は、新しいぶどう酒で満たされます。この新しいぶどう酒は、尽きることがありません（ヨハネ二章）。

〈神殿が無用となり、別の神殿が建てられる〉

〔イエスが神殿を清めた後〕ユダヤ人たちはイエスに、「あなたは、こんなことをするからには、どんなしるしをわたしたちに見せるつもりか」と言った。イエスは答えて言われた。「この神殿を壊してみよ。三日で建て直してみせる」。それでユダヤ人たちは、「この神殿は建てるのに四十六年もかかったのに、あなたは三日で建て直すのか」と言った。イエスの言われる神殿とは、御自分の体のことだったのである。イエスが死者の中から復活されたとき、弟子たちは、イエスがこう言われたのを思い出し、聖書とイエスの語られた言葉とを信じた。

（ヨハネ二・一八―二二）

十字架上での死の三日後、神はイエスを死者の中からよみがえらせました。その結果、聖霊の力によって教会が生まれました。教会はキリストの体であり、世の中で生き、他者に仕えています。この信仰共同体は神殿なのです。この神学はすでに使徒パウロによって詳しく論じられています。彼はこう書いています。

あなたがたは、自分が神の神殿であり、神の霊が自分たちの内に住んでいることを知らないのですか。（……）神の神殿は聖なるものだからです。あなたがたはその神殿なのです。

（Ⅰコリント三・一六－一七）

重要なのは物理的な神殿や構築物ではありません。重要なのは神の民、聖霊が宿る真の神殿なのです。

〈包括的な神の愛はキリストを通じて全世界に及ぶ〉

神の愛はもはや一つの人種や一つの民族集団に限られるものではなく、全世界に及ぶものと理解されています。

神は、その独り子をお与えになったほどに、世を愛された。独り子を信じる者が一人も滅びないで、永遠の命を得るためである。

（ヨハネ三・一六）

第8章
中心に置かれるべき正義

パレスチナ・イスラエル紛争解決の根本にあるのは正義です。パレスチナの悲劇、ナクバが始まった当初から、パレスチナの要求は常に正義を求めるものでした。この叫びは決して止むことがありませんでした。イスラエルの抑圧的存在、イスラエルだけに与えられているアメリカからの支持、そして国際社会がこの紛争を解決できないという、いたるところに見られる現実のために、一部の人の心の中ではこの要求が萎えてしまったこともあります。それにもかかわらず、正義の要求は引き続き最重要なままなのです。

解決策が見出されない理由の一つは、私たちパレスチナ人自身が弱体であるという現状です。それとは対照的に、イスラエルの政治的、科学技術的、軍事的力と世界における影響力は大きくなっています。私たちは、解決を見出すように国際社会に圧力をかけることができませんでした。結果を生むだけの影響力も欠けています。パレスチナ人の中には、武装闘争によって影響力を獲得できると思った集団もありました。これは、不幸な武力行使と多くの無実な人々に苦難をもたらしました。イスラエルは優勢な軍事力によってこれらの戦闘に勝っただけでなく、パレスチナ人はテロリストであり何の権利もないのだと世界に信じ込ませることに成功しました。イスラエルは宣伝戦に勝ち、パレスチナの正義の大義は見えなくなってしまったのです。

アラブ諸国を含む多くの国家は、イスラエルによってパレスチナ人になされている不正義を充分に知っています。彼らはパレスチナ人を助けたいのです。彼らは不法な軍事占領を終わらせ、パレスチナ人が自らの主権国家を持つところを見たいのです。他方で、彼らはイスラエルと貿易しており、イスラエルが提供できる軍事・安全保障技術を必要としています。彼らには、パレスチナ人のための正義をはっきりと支持する強力な動機が欠けているのです。

イスラエルにおける新たな脅威と危険

イスラエル国家の設立における主な力の一つは、世俗的シオニストのリーダーシップでした。これらの思想家たちにとって、宗教は重要な役割を占めていませんでした。その結果、彼らは民主主義原理に基づいて新しい国家を建設することができました。もしも、パレスチナを破壊し、パレスチナ人の自決権を否定していなければ、すなわち、一九四七年の国連分割案に基づいて土地を分かち合う権利さえも否定し、重大な不正義の上にイスラエルを建設していなければ、この民主主義は賞賛に値するものとなったでしょう。しかしながら、パレスチナのアラブ・イスラエル市民にとって、真の民主主義は存在したことがありません。イスラエル国家は自己をユダヤ人国家と見なしており、平等な権利を非ユダヤ人にまで拡張したことは一度もありません。外部からイスラエルの民主主義を見た人が素晴らしいと思うとしても、イスラエル国民の二〇パーセントは、それを見せかけと見なしています。

一九七七年に右派シオニスト政党のリクードが政権をとって以降、イスラエルの民主主義は徐々に切り崩されてきました。国家の政治生活における宗教の影響力が増してきました。宗教的入植者の力が増大したのです。彼らは数が増えただけでなく、イスラエル軍の中での影響力と地位を高めました。彼らはクネセト（イスラエル国会）の議員になり、一部はイスラエル政府の閣僚にまでなり、国は着実に右傾化してきました。

多くの宗教的入植者とその他の宗教的ユダヤ人は、世俗的シオニズムと対立しています。彼らは世俗的シオニズムを、イスラエル国家の設立を実現するために神が用いた一段階と見なしています。この段階は過ぎ去ったというのです。彼らが主として忠誠を誓っているのはトーラーであって、シオニズムではありません。つまり、彼らは宗教的な律法であるハラハーを遵守しなければならないということです。トーラーおよびハラハーと、国際法がぶつかる場合には、トーラーを優先しなければなりません。トーラーが民主主義に優先するのです。

今日、イスラエルが持っていると主張するかも知れない民主主義もそのあらゆる手段がイスラエル自身の指導者によって根絶されつつあります。彼らは、不正義で非民主主義的な行為によって民主主義を破壊しているのです。世界中の多くのユダヤ人とユダヤ人指導者はこのことに気づきつつあり、それに反対の声を上げようとする者もいます。

イスラエルの政治情勢は、極限に達しつつあります。イスラエルの右派政権は、宗教的入植者を制御するのが困難になりつつあるのです。イスラエル社会の内部での内戦が起こりつつあるのでしょうか。人々が想像するよりも速い速度で、イスラエルの民主主義は終焉を迎えつつあるのでしょうか。今日、宗教的入植者は、その人数以上の影響力を行使しているということなのでしょうか。イスラエル右派政権が次々と施行している人種差別的法律を前にして、国際法はそれを抑えることはできないのでしょうか。

宗教が力をもつとき、民主主義が実行可能かどうかは疑問です。中東において現実的で真正な民主主義が定着していないとすれば、それは部分的には宗教と国家の分離が難しいということによるでしょう。いったん宗教が優勢になると、活力と改革に向かう動きは減速します。

イスラエルは民主主義国であると主張していますが、それは実際には自民族中心主義（ethnocracy）です。イスラエル国家の設立者は、イスラエルはユダヤ人のための国家であると宣言しました。ユダヤ人国家の中ではユダヤ人であることによって、非ユダヤ人には与えられていない人権や特権、恩恵が与えられるのです。これらの特権の一つが国籍です。ユダヤ人だけがイスラエルの国民になることができ、非ユダヤ人は、アラブ、ドルーズ、サマリア、ロシア、アラムを含む一連の他の帰属民族から選ぶことになります[1]。

ユダヤ人の民族国家であるイスラエルは、世界中のすべてのユダヤ人の国家とされます。世界のユダヤ人の大半はイスラエルの市民ではありません。イスラエルはその二〇パーセントの市民の国家ではありません。彼らはその土地の元来の住民であるにもかかわらず、現実には、自分が住んでいる国家に属していないのです。

この差別を覆い隠すために、イスラエルは意思決定に大きな影響力を持ついくつかの疑似政府機関を立ち上げています。ユダヤ機関（Jewish Agency）、ユダヤ国民基金（Jewish National Fund）、世界シオニスト組織（World Zionist Organization）などです。これらの機関は、イスラエルのすべての市民の利益ではなく、世界のすべてのユダヤ人の利益を代表しています。土地や水、教育、経済、その他の重要問題において、これらの機関はユダヤ人国民に特権を与えています。憲法制定への同意を拒否することによって、イスラエルはそのすべての市民に平等の権利を与えることを回避することができるのです。

イスラエルは成立以来、ユダヤ人国家として事実上振る舞ってきましたが、近年では、和平の条件としてパレスチナ人によってユダヤ人国家として「認められる」ことを要求しています。これはつまり、パレスチナ人が自らの自由意志で、劣等な地位を受け入れるということなのです。それはパレスチナ人から、特に彼らを保護する憲法もない状態で、平等を要求する権利を奪うことになるでしょう。さらにそうすることで、イスラエルは合法的に、パレスチナ難民の帰還の権利をも否定することができます。

イスラエルの新たな神話

同時に、イスラエル政府はパレスチナ人に敵対する新たな神話を作り出そうとしています。

- そもそも西岸地区に対する占領というものは存在しない。どうして一民族が自分自身の土地を占領することができるだろうか。ユダヤ人はユダヤとサマリアに戻って来たのである。それは、彼らの歴史的な郷土への帰還であって、他の民族の土地の占領ではない。
- 西岸地区におけるユダヤ人専用の入植地と入植者の数が増え続ける一方で、パレスチナ人が国際法によって要求されている入植地の撤去について語るときはいつでも、イスラエル政府はそれはイスラエルの土地からのユダヤ人の民族浄化を促すことになるのだと言って非難する。

ロバート・コーヘン（米国イスラエル公共問題委員会会長）の発言は的を射ています。

イスラエルは今日、二国家解決策にリップサービスをしているが、その論理は奇妙である。「われわれは紛争の二国家解決策を支持する。入植地はそれ自体では和平の障碍ではない。入植地の未来は和平交渉の間に決められることになろう。誰もが知っているように、相互に合意された土地交換とは、主な入植地ブロックがイスラエルに編入されることを意味している。一方、われわれは双方の側の対話を促進すべきであって、不買運動によって一方が他方に対して有利になるようにすべきではない。今では多数のパレスチナ人が入植地で雇用されている以上、不買運動はまさに、運動する側が支持している人々を直接に害することになる」としている。(2)

宗教的入植者と右派シオニストの力が増すにつれて、イスラエルの多くの政治家は民主主義の原則を尊重し実行するのをためらっています。「世界のどこにおいても、真の民主主義は国の安定を強化するように見えるが、イスラエルにおいては、真の民主主義は起こりうる最悪の事態を示している」[3]というのです。

パレスチナにおける脅威

中東で民主主義を築くのは容易ではありません。中東は古代からの伝統に蝕まれています。過去はとても豊かで肥沃なので、容易にその沼に引きずり込まれてしまうのです。多くの人々が現在よりも、過去に生きています。三つの宗教的伝統——ユダヤ教、イスラム教、キリスト教——の正統な信徒たちは、過去が信徒を宗教の根源および起源と結びつけると確信しています。彼らは、この結びつきが信仰に正統性を与え、その信仰の敬虔な実践の尺度となると信じているのです。だからこそ、正統信仰と国際法や人権とを和解させるのが困難なのです。だからこそ、一部の信徒にとっては信仰のうちに前に進むのが困難なのです。また、だからこそ、多くの人々がその正統性に背を向けてきたのです。

東方キリスト教〔訳註〕は、他の伝統と同じ難題に直面していますが、政治的支配力を求めないために他の伝統よりはその課題は容易です。東方キリスト教はイスラエルでもパレスチナでも政治的影響力を持っていません。イスラムの場合は異なります。イスラムは政治的支配力と、独自の法体系、シャリーア〔クルアーンと預言者ムハンマドの言行（スンナ）を法源とするイスラム法体系〕の適用を求めます。二十一世紀の民主主義国に生活していて、保守的で原理主義的な宗教的思考について伝えるためには、自由で進歩的な教育が極めて重要です。最善の民主主義制度では、宗教は私生活に限定されます。宗教は尊重され、保護され、自由でなければなりませんが、異なる宗教を持つ他の人々の権利を損なう政治的影響力を持つべきではありません。民主主義の下では、すべての人々が法の下で平等なのです。

東方キリスト教にはギリシア正教およびロシア正教などの東欧の正教会の他、シリア正教会、コプト教会、エチオピア正教会などの東方の諸教会が含まれる。東方の諸教会は五世紀のエフェソス公会議、カルケドン公会議でローマ教会および正教会から排斥された歴史をもつ。本書第2章参照。

このことこそ、私たちが追求し、中東で働きを続けなければならない目的なのです。これらの宗教のそれぞれにおいて、民主主義の基礎は法の下での完全な平等であると信じる人々がいることを神に感謝します。

このことはまた、パレスチナ解放の神学の不可分の一部でもあります。その焦点は、多数派であれ少数派であれ、すべての人々を解放することにあります。それは宗教的人々が彼らの宗教を実践する権利を保護します。真の民主主義は、礼拝の自由だけでなく、宗教の自由を要求します。そのことによって、人々が宗教的信仰を持たないことを選ぶことも可能になります。それもまた、法によって尊重され保護されなければならない権利なのです。

紛争の解決

パレスチナ・イスラエル紛争の正義に基づく解決は、パレスチナ人の基本的権利の三重の否定に対処しなければなりません。

1 イスラエル国家のパレスチナ人市民は差別に苦しんでおり、完全な平等の実現を待望しています。

2 一九六七年にイスラエルによって奪取された地域で軍事占領の下で暮らしているパレスチナ人は、すべての権利を否定されています。

3 パレスチナ難民は、何世代にもわたって、国外追放されて生活しており、その多くは困難な状況の下にあります。彼らは帰還する権利を待望しています。(4)

正義に基づく解決?

紛争の歴史を調べてみると、イスラエルがあらゆる節目において、国連決議を無視してその領土を拡大してきたことは明らかです。一九四七年のパレスチナ計画はユダヤ人にパレスチナのおよそ五五パーセント、「アラブ人」国家に四五パーセントを割り当てました。パレスチナ人――この地の土着の人々――は人口の三分の二を占めていたため、彼らはこの不公平な分割案を拒否しました。

戦闘が継続する中で、休戦協定の合意（一九四九年）に至るまで、イスラエルはさらに多くの地域を占領しました。そして休戦ライン（グリーン・ライン）が引かれ、イスラエルには歴史的パレスチナの七八パーセントが与えられることになりました。

パレスチナ人は一九八八年にアルジェでアラブ諸国首脳会議が開かれるまで、パレスチナ全土に一つの民主主義世俗国家を樹立するよう求めましたが、この首脳会議でパレスチナは二国家解決策を呼びかける国連安全保障理事会決議第二四二号を受け入れました。このことは、パレスチナが休戦ライン内部でのイスラエル国家を承認したことを言外に意味しています。これはパレスチナ人が和平のために行った大きな譲歩です。パレスチナは東エルサレムおよびガザ地区を含む西岸地区における歴史的パレスチナの二二パーセントにパレスチナ人国家を設立するという案を受け入れたのです。

イスラエルは、非合法の入植政策によって、世界中で承認されているこの解決策を蝕んでいます。

二国家解決策はパレスチナにおける二つの主権国家を想定しています。これが国連の選択であり、一九四七年の国連総会によって推奨された解決策です。ところが、私たちが見てきたように、数十年の間に戦争の成り行きによって、元来の二国家解決策はイスラエルに有利なように大きく変更されてきました。大まかに概略を示すと、二国家解決策には次の内容が含まれています。

- 一九六七年六月以前にイスラエルが占領していた地域におけるイスラエル国家。民族的・宗教的理由に基づく区別や差別のない、すべての市民にとっての民主主義国家。
- イスラエルが一九六七年に占領したパレスチナのすべての地域、すなわち西岸地区（東エルサレムを含む）とガザ地区を含むパレスチナ人国家。これもまた、民族的・宗教的理由に基づく区別のない、すべての市民にとっての民主主義国家でなければならない。
- イスラエルは西エルサレムを管理し、パレスチナは東エルサレムを管理する。東エルサレムはパレスチナの首都となり、西エルサレムはイスラエルの首都となる。しかし、エルサレムはすべての人々に開かれた都市となる。
- 国連総会決議第一九四号に沿って合意されたパレスチナ難民問題に関する正義に基づく解決の達成。

イスラエルはこれまで決して二国家解決策を全面的に受け入れたことはなく、土地の収用と入植地の建設をさらに進めることによって、日々この解決策の基礎を損なっています。実際のところ、イスラエルは意図的にこの選択肢を破壊しているのです。

明らかに、イスラエルはラマラのパレスチナ指導部に限定的自治という現状を受け入れるよう強要しています。これはつまり、その国土に住むパレスチナ人は決して国家の主権を握ることはできないことを意味しています。彼らは常にイスラエルに従属することになるのです[5]。

パレスチナ人はずっと以前に、自治という考えを拒否しました。イスラエル占領下でなし得ることは厳しく制限されてはいるものの、パレスチナ当局は国家機構を整え、国家として機能することを追求してきました。二〇一二年に国連総会は圧倒的多数で、パレスチナ主権国家を事実上承認し、現在一三八か国がパレスチナ国と互恵関係を結んでいます[6]。

近年では、真の二国家解決策の希望が色あせて行く中、多くの進歩的思想家たち——パレスチナ人、ユダヤ人、国際的な人々——は一国家解決を提案し始めています。この解決策は、パレスチナ人が伝統的に支持してきたものです。一九四七年に国際連合はユダヤ人国家の創設を可能にするために、分割を支持してこの解決策を拒絶しました。

一国家解決策とは、アラブ人、ユダヤ人、イスラエル人、パレスチナ人など、この地のすべての人々の一元的な民主主義国家を創設するというものです。すべての市民は平等の市民権と諸権利、責任を持つことになります。そしてエルサレムは、この一つの国家の首都となります。

イスラエルは二国家解決策よりもさらに強くこの種の一国家解決策に反対していますが、実際には、単一国家のパロディ、つまり「川から海に至る」パレスチナ全土を実効的に支配する単一国家というパロディを生みだしてきたのです。その一方で、パレスチナに住むアラブ系イスラエル人に対する系統的な差別を進め、占領下に暮らすパレスチナ人の基本的人権を否定し、帰還の権利を拒否しています。

その根底には、一つの神学的概念があります。イスラエルはすべての土地が自分のものであり、パレスチナ人は土地のどの部分にも権利を持たない侵入者であると信じているのです。これは自民族中心の概念であり、部族的でさえあります。しかし、イスラエルは全土の権利を主張するためにこの考え方を用いてきました。イスラエルがこの冷酷で破壊的な道を歩むのを一体いつまで世界が容認するのかは依然として分かりません。

イスラエルが好むと好まざるとに拘わらず、イスラエル／パレスチナの土地には、イスラエル・ユダヤ人〔イスラエルのユダヤ人〕とパレスチナ・アラブ人〔パレスチナのアラブ人〕という二つの民族が住んでいます。その人数はほぼ同じです。二〇一六年のユダヤ暦の新年前夜に作成された最近の人口構成調査によると、イスラエル国家に住むユダヤ人の人口は約六四〇万人、西岸地区とガザ地区、イスラエル、エルサレムに住むパレスチナ人の人口は約六一〇万人です。(7)本質的には、二つの民族が隣り合って暮らしているのですが、イスラエルがパレスチナ・アラブ人を支配し、君臨しているのです。そのために、もう一つの古くからある国家という提案に対する関心が生まれてきます。この提案は、イスラエルとパレスチナが二民族の国家を形成するというものです。双方の民族共同体がそのような合意に入る準備があるならば、国連および双方の代表が詳細の協議に入ることができるでしょう。このパートナーシップにおいては、双方の民族はそれぞれの独自のアイデンティティを維持しつつ、共に生活し、土地全体を分かち合います。

イスラエルはイスラエル国内のパレスチナ・アラブ人を一つの少数民族として認知していません。むしろイスラエルは、それを一連のさまざまな宗教的少数派として分断しようとしているのです。二〇一六年一一月に、パレスチナ・アラブ人を一つの少数民族として認知するようにという提案が野党の「ジョイント・リスト」〔アラブ系野党の連合組織〕によってイスラエル国会（クネセト）に提出されました。

エルサレム

一九九三年のオスロ原則宣言によって、イスラエルとパレスチナ人の間の四つの最も困難な争点が、協議の最終段階に入りました。それらの争点とは、エルサレム、難民、国境、および入植地です。もちろん、最も論争の激しかったのはエルサレムの問題です。イスラエルは、一九六七年にエルサレムの境界を西岸に拡大し、東エルサレムを併合して後、一九八〇年にエルサレムをイスラエルの首都として「完全で統一されている」と宣言しました。

一九四七年の国連総会の分割案では、エルサレムは国際化されると定められています。エルサレムについての国連のビジョンは紙の上ではうまくできているように見えますが、パレスチナ人――キリスト者もムスリムも――と他方におけるユダヤ人それぞれのエルサレムという土地に対する愛着心を過小評価しています。双方ともが、エルサレムを自分たちの首都、宗教的・政治的生活の中心としたいと望んでいるのです。

一九八八年にパレスチナ解放機構（PLO）は、「武力による土地の取得は認められない」とする一九六七年の国連安全保障理事会決議二四二号を受け入れました。このことはイスラエル国家を承認することを意味していますが、同時に東エルサレムは被占領地であり和平条約によって返還されなければならないということも意味しています。この問題は国連に端を発したものであること、そして国連だけがそれを解決する資格のある機関であることを覚えておかなければなりません。

しかしながら、解決には次のような一定の基本原則があります。

1　エルサレムはすべての人々と宗教に開かれたままでなければならない。

2　東エルサレムはパレスチナの首都、西エルサレムはイスラエルの首都でなければならない。

3　両国家は聖地を尊重・保全し、その神聖性とそれらの正当な宗教的帰属を守ることに取りかからなければならない。

いかなる国家もこれまで、イスラエルによる東エルサレムの併合を承認したこともなければ、テル・アヴィヴから大使館を移転したこともありません。ドナルド・トランプは大統領選の選挙運動の中で、米国大使館をエルサレムに移転する意図があると発表しましたが、それは国際法の重大な違反になります。本書執筆の時点では、彼はまだその実行を控えています。〔訳注〕

二〇一八年五月一四日、ナクバから七〇年目の日に、アメリカは在イスラエル大使館をエルサレムに移転した。これに対して、パレスチナ人の抗議行動が起こり、ガザ地区ではイスラエル軍の発砲により、六〇人以上が死亡し、二〇〇〇人以上が負傷した。

さらに、イスラエル政府は、法律をねじ曲げ、欺瞞的に操作して、キリスト者もムスリムも含む土地のパレスチナ住民の権利を犯してきたユダヤ人入植者に特権を与えてきた結果として、東エルサレムの統治に失敗してきました。ここでも、他のどこにおいても、イスラエルは公正で正当であると信じることができないのです。

イスラエルはこれまで、アメリカの拒否権に支えられて、すべての国連決議を踏みにじってきました。イスラエルはこの土地に新たな既成事実を作り、エルサレムをユダヤ化し、パレスチナ人の住宅を没収し、東エルサレムの居住権を無効にし、総じて、パレスチナ人を過酷な境遇に置いています。世界はイスラエルが日常的にあらゆる類の暴虐の限りを尽くしているのを手をこまねいて眺め、それについて何もしていないのです。国連には勇気と決意と行動する意志とが必要とされています。

将来、パレスチナとイスラエルという二つの国家と、ヨルダンやレバノンなどその他の隣接諸国が聖地の国家連合を形成する時が来ると夢見ることも可能です。また、エルサレムが国家連合の首都となり、宗教全体にとっての確かな恒久平和の幅広く堅固な基礎として貢献する時が来ると夢見ることも可能です。私たちがそのような未来、惨めな現在をこの土地のすべての人々と中東全体のより輝かしい明日へと変えるために、夢と希望を持って働き続けることができますように。

非暴力戦略の提唱

何年か前から、西岸地区の一、二の村のパレスチナ人青年たちが、モスクでの金曜日の祈りの後、毎週イスラエル軍と闘うようになりました。これらの青年たちはいつもはイスラエルと諸外国の平和活動家と行動を共にしています。それは基本的に、自分たちの土地における不法なイスラエル占領軍、もっと具体的には自分たちの畑に通じる軍隊の検問所の閉鎖、村の主な道路の閉鎖、その他彼らの村に対する軍事的懲罰に抗議する非暴力行動です。この抵抗運動は他の二、三の村に広がりましたが、まだ全国的な運動にはなっていません。これまでのところ、イスラエルに封じ込められてしまっています。

パレスチナ人の多くは愛国心と郷土愛、抑圧的イスラエル軍に立ち向かう勇気のゆえに、この青年たちを賞賛しています。しかし残念なことに、彼らは非暴力抗議運動を拡大、成長させ、より大きな影響を与えるものにするための充分に練り上げられた戦略をもっていません。

時折、とくにエルサレムにおいて、パレスチナ人青年がイスラエルのユダヤ人や集団を攻撃しようとします。私たちはイスラエル国家とその軍隊、国境警察、および入植者によってパレスチナ人に加えられている抑圧を十分知っています。私たちはイスラエル軍によってパレスチナ人が被っている絶望と挫折、屈辱と非人間化を十分知っています。それゆえ一部のパレスチナ人青年は感情的に、無分別で見境のない行動に走ってしまい、それがイスラエル軍に発砲による殺害を許し、ほとんどの場合その責任を逃れさせてしまっています。イスラエルはこれらの青年たちをテロリストと呼び、またもや欧米の人々の共感を勝ち取っています。

これら自暴自棄になった青年たちの行動は、パレスチナ解放に寄与しません。ナイフを持ち、発砲し、自動車を武器にし、ガザからイスラエルにミサイルを撃ち込むたびに、私たちは愚かな行動をしているのです。「武装闘争」や「一匹狼のインティファーダ」は私たちに自由をもたらしません。武力の舞台では、私たちはイスラエル軍に太刀打ちできません。しかし、エルサレムの故ファイサル・フセインの「タイソンをボクシング・リングで負かすことができないとしても、チェスのゲームで彼に挑むことはできる」という言葉を思い出します。私たちがイスラエルに太刀打ちできるのは、非暴力抵抗を通じてなのです。イスラエル軍は非暴力に対処する訓練を受けていません。イスラエル国家は非暴力にどう対応すればよいのかを知らないのです。パレスチナ人を非暴力へと鍛えれば、私たちは打ち勝つことができます。

非暴力闘争が効果を上げるには、共同体全体が関与することが重要です。人々が非暴力抵抗運動の方法を身に着けていく必要があるのです。人々が敵に死を与えるよりはむしろ自らの死を進んで受け入れることが必要です。人々が周到に計算され充分に組織された戦略の一部として行動することが必要です。

非暴力闘争が効果を上げるには、何千人、何万人で行進することが必要です。私たちが皆、自由の代価を支払う心構えができていることが必要です。

非暴力闘争が効果を上げるには、政治的・宗教的指導者が人々――男も女も、少年も少女も――と共に街頭に出かけ、デモと行進に参加することが必要です。殺すのではなく、殺される心構えができていることが必要です。粘り強く、決して諦めないことが必要です。

ガザでは、何万という人々が宗教的・政治的指導者に率いられて、「私たちに必要なのは正義だ」と書いた旗を掲げ、スローガンを叫びながら毎週、封鎖の壁に向かって行進していますが、ここでも非暴力戦略が必要です。彼らの叫びが全世界に響き渡り、人々の耳に届くことが必要です。解放が実現するためには、一発の発砲もせず、また逃げて退くこともなく、この戦略が粘り強く実行されねばなりません。

私たちは外部から自由がやって来るのをただ立ち止まって待つべきではありません。世界中の一般の人々に私たちの叫びが届くとき、世界は私たちの側に立つようになり、世界中の指導者は好むと好まざるとに拘わらず、私たちのために介入せざるを得なくなるのです。私たちパレスチナ人自身が、政治的・宗教的指導者と共に、進んで自由を要求し、勝ち取ろうとするとき、自由が訪れるのです。

正義の七つの側面

パレスチナ人の信仰の観点において、正義という言葉は何を意味しているのでしょうか。パレスチナ解放の神学には七つの側面があります。

1　それは「正義と愛の神学」です。正義と愛は同じコインの表裏です。愛のあるところには正義があり、その逆もまた真です。愛には関係性と他者の尊重、他者の権利の尊重が伴います。愛は他者の破壊ではなく、他者にとっての善を求めます。パレスチナを征服したシオニストたちは現地のパレスチナ人に対する善意をもって来たのではありません。しかし、私たちが正義を求めるとき、それを愛と結合する必要があります。敵をも含む隣人を愛することは難しいことですが、必要なことです。

2　それは「正義と憐れみの神学」です。正義だけでは、厳しく、過酷になりがちです。正義は憐れみによって和らげられなければなりません。パレスチナ人は自らの権利を獲得し、正義は国際法に沿ってなされなければなりませんが、私たちは敵の破壊を求めてはならないのです。いかなる報復も復讐もあってはなりません。私たちは、この地のすべての人々――パレスチナ人もイスラエル人も――が平和と安全のうちに共に暮らすことができるようにしなければなりません。これは、高い道徳的地盤に立ち、憐れみをもって正義を実行することを意味しています。

3　それは「正義と真実の神学」です。パレスチナを巡る紛争では、真実が最初の被害者です。パレスチナ人について多くの嘘と神話、作り話が流布されてきました。真実を通じてであれば、虚偽と欺瞞、神話に対抗できます。イエスの道は、真実と誠実の道です。イエスは「あなたたちは真理を知り、真理はあなたたちを自由にする」（ヨハネ八・三二）と言っています。非常にしばしば、イエスは当時の宗教的・政治的指導者に対して真実で対決されました。真実を直視し、語り、暴き、共有することは、解放することなのです。

4 それは「正義と安全の神学」です。イスラエル国家は正義を行わずに安全を確保しようとしています。しかし銃の力によって押しつけられた安全は、決して安全ではありません。それはただ、憎悪と復讐を培養するだけです。そのような安全は、砂の上に建てられたものです。真の安全は、正義がなされ、パレスチナ人とイスラエル人が土地を分かち合うことに合意するときにのみ達成されます。

5 それは「正義と非暴力の神学」です。私たちは悪しきものすべてに抵抗しますが、悪しき方法を用いることを拒否します。暴力――双方の側の――は拒否し、恥ずべきものとして放棄しなければなりません。非暴力には勇気が必要ですが、特に共同体全体によって用いられるときには強力で効果的な手段となります。非暴力は、歴史が正義の方に向かって弧を描いていると信じて、新しい道徳的関係を実現します。それは、既になされた悪そのものに焦点を当て、悪を犯した者の更生を求めつつ悪を終わらせることを目的とします。それは推し進める大義のために、報復することなく、苦悩を受け入れます。それは、被抑圧者と抑圧者の双方の人間性を尊重します。パレスチナを巡る闘いの中では、私たちは占領と抑圧に抵抗する非暴力の手段として不買運動と投資引き揚げ、経済制裁を推進します。

6　それは「正義と平和の神学」です。正義は私たちの最初の目的ですが、紛争の終結に向けた第一歩に過ぎません。正義は平和をもたらすものでなければなりません。逆に、正義は平和がその上に築かれる最善かつ唯一の基礎なのです。平和を創り出すことは、キリストご自身の命令です。「平和を実現する人々は、幸いである、／その人たちは神の子と呼ばれる」（マタイ五・九）。

7　それは「正義と和解と赦しの神学」です。信仰を持つ人々が癒し、すなわち和解と赦しという二つの重要な段階を踏むプロセスのために働くことが大切です。和解は不正義を公然と認めることから始まり、態度を変え、正義の行動をとることを求めます。赦しは和解のプロセスを完成させ、さらにそれを超えて進みます。赦しが差し出され、受け入れられたとき完全な解放が訪れ、双方が自由になります。赦す側は復讐の重荷から解放され、赦される側は罪悪感から解放されます。

平和の循環

中世の司祭、著述家であるトマス・ア・ケンピスは、「すべての人が平和を望むが、平和を作り出す事がらを望む人は非常に少ない(8)」と述べました。では、平和を作り出す事がらとは何でしょうか。

●平和の循環は正義を行うことから始まります。
●平和は国際法に基づかなければなりません。
●国際法は非暴力の手段を通じて紛争を解決することを義務づけています。
●国際法は真実の要素を根拠とします。
●正義は慈悲を伴って実行されます。
●正義は平和を生み出します。
●正義と安全は和解への道を拓きます。
●和解は赦しへの道を拓きます。
●赦しは癒しをもたらします。

平和の循環は正義を行うことから始まり、和解と赦しと癒し、そして愛の可能性を開くことによって終わるのです。

第9章　サビールとその友人たちの出現

背　景

一九四八年のナクバの後、絶望したパレスチナの国内難民は、パレスチナでイスラエル国家とされた地域の中をさ迷い、過酷な軍事支配の下で生活していました。戒厳令によって、吸収と隔離、依存という三つの要素からなる支配体制が生み出されました[1]。

この時期における世界の教会の預言者的声は事実上、皆無でした。現地のパレスチナ人教会の組織は全く存在していませんでした。教会組織はすべて外国のものでした。この不正義に対して上げられた唯一の声は、ユダヤ人、ムスリム、キリスト者を党員に含む共産党からのものでした。共産党は当時イスラエルによって承認されていた唯一の〔アラブ系政党の〕野党でした。しかしながら、残っていたパレスチナ人教会指導者たちは、シオニストの襲撃によって土地を追われた何千、何万というパレスチナ難民のための救済活動に忙殺されていました。

正義と平和の闘いに対するパレスチナ人キリスト者の関わりを振り返るとき、五つの要素を確認することができます。それはヨセフ・ラーヤ大司教、エリアス・チャクール大司教、現地人教会指導部の形成、パレスチナ解放の神学、「カイロス・パレスチナ」です。

〈ヨセフ・ラーヤ大司教〉

教会指導者から発せられた最初のアラブの声は、メルキト派の大司教ヨセフ・ラーヤ（一九一六－二〇〇五年）の声でした。彼はレバノン生まれのレバノン人でしたが、パレスチナで教育を受け、パレスチナ人と感情を共有していました。彼は一九三七年にパレスチナに来て、エルサレムの聖アンナ・ホワイト・ファーザーズ神学校で学びました。一九四〇年代初めにエルサレムで助祭および司祭の叙任を受け、数年後、アメリカ合衆国に渡り、メルキト派の諸教会で奉仕しました。彼はアラバマ州バーミンガムで一七年を過ごし、そこで、公民権運動の時にマーティン・ルーサー・キング・ジュニアと共に行進しました。

公民権運動での活動を評価されて、彼はイスラエル最大のキリスト教会であるガリラヤのメルキト派共同体〔訳注〕の大司教に任命されました。マーティン・ルーサー・キング・ジュニアが暗殺された一九六八年にハイファの大司教座に到着しました。

正式には「メルキト・ギリシア・カトリック教会」。「アラブの教会」を自負し、アラビア語を中心とする東方典礼を守るが、ローマ教皇の首位権を認める。パレスティナにおける首座は「アッカ・ハイファ・ナザレ・全ガリラヤ大司教」。

ラーヤ大司教は、はっきりとした預言者的声を上げた最初の高名なキリスト教指導者でした。彼は、イスラエル政府がパレスチナ人に正義を行うように要求しました。そしてイクリットとクーフル・バーラム――北部にあるキリスト者の村で、その住民は一九四八年にシオニストによって追放された――の大義を擁護しました。彼らは二週間後に帰郷できる約束でしたが、それが叶えられなかったとき、イスラエル最高裁判所に上訴し、裁判所は帰還を指示する判決を下しました。しかし、軍部は依然としてこの帰郷を妨害し続けました。法を踏みにじって、二つの村は軍によって取り壊されました。そのうちの一つは一九五一年のクリスマスイブにブルドーザーで破壊されました(2)。ラーヤ大司教は最高裁判所の判決の実行を要求しましたが、イスラエル政府はそれを拒否しました。そこで彼は非暴力デモと座り込みの先頭に立って、村人の帰還を認めるようイスラエル政府に圧力をかけました。数千ものキリスト者、ムスリム、そしてユダヤ人が彼と共に行進しましたが、効果はありませんでした。

一九七二年八月、ラーヤ大司教はすべてのメルキト派教会に対して、教会の門を閉め、弔いの鐘を鳴らしてイスラエルにおける正義の死を告げるように命じました。それでもイスラエル政府は動こうとしませんでした。

ラーヤはアメリカでの公民権運動の中で学んだ非暴力の方法とテクニックを用いましたが、成功しませんでした。彼は自分自身の教派の中でさえ物議を醸すようになり、彼に対する各方面からの圧力が高まりました。彼は一九七四年に大司教を辞任し、カナダに移住して二〇〇五年に逝去するまでカナダに居住しました。

〈エリアス・チャクール大司教〉

ラーヤ大司教のもとで当時働いていた青年司祭の一人がアブーナ・エリアス・チャクールでした（一九三九年生まれ。二〇〇六年から二〇一四年まで大司教）。ラーヤ大司教の辞任の一〇年後、チャクールは最初の著作『血を分けた兄弟たち』（*Blood Brothers*）を書きますが、一九四八年に彼の村クーフル・バーラムからシオニストによって村人が退去させられ、追放されたことが記されています。この本はアラブのキリスト教聖職者が自分自身の経験を物語った最初の著作でした。この本は多くの言語に翻訳され、パレスチナの悲劇について聞いたことがなかった世界の人々にとって優れた教育材料となりました。

〈現地教会指導部の形成〉

一九七〇年代末から一九八〇年代全体を通じて、パレスチナ・イスラエルにおける三つの教派で現地指導部を形成するプロセスが始まりました。一九七六年にファイェーク・ハダド師がエルサレムにおいてパレスチナ人初の聖公会主教になりました。一九七九年にはダフード・ハダド師がルター派（ルーテル教会）初のパレスチナ人エルサレム監督になりました。そして、第一次インティファーダ開始から一か月も経たない一九八八年初頭、ローマ教皇ヨハネ・パウロ二世がエルサレムのローマ・カトリック（ラテン）大司教ミケル・サバーを聖別したのです。

こうして、三つのキリスト教教派が初めて現地のアラブ・パレスチナ人指導者を持つことになりました。一九八七年に第一次インティファーダが勃発すると、イスラエルの不正義に反対する現地の主教・司教たちの声は次第に世界に響き渡るようになりました。実際に、一九八八年一月には占領に反対するエルサレムのすべての大司教と主教・監督による最初の共同声明が調印されました。この声明は「われわれはあらゆる形態の不正義と抑圧に反対して真理と正義の側に立つ。われわれは苦難の内にある抑圧された人々の側に立つ。われわれは信仰者に対して、この地域のすべての人々にとっての正義と平和のために祈り、働くように呼びかける」と述べています。この声明の意義は、恐怖と沈黙の壁を破り、教会指導部を激励して不正義に反対する声を上げさせたということにあります。

それ以来、さまざまな声明が発表され、教会指導部の一部の声が、断続的で時には曖昧なものであっても、聞かれるようになったのです。

〈パレスチナ解放の神学〉

パレスチナ解放の神学は、一九八九年の『正義、ただ正義のみ――パレスチナ解放の神学』(*Justice and Only Justice: A Palestinian Theology of Liberation*)の出版によって始まりました。この本は、正教会、カトリックおよびプロテスタント諸教派を含む現地のキリスト者社会に好意的に受け入れられました。この本は、キリスト教信仰の立場からパレスチナの政治的・宗教的・神学的状況を検討したものです。それは、正義と共に、すべての人々に対する神の包括的愛の重要性を強調しており、イスラエルによる占領とパレスチナ人の抑圧を断罪しています。それはまた、不法な占領に対する非暴力闘争の意義を明らかにしています。重要な転換点の一つは、パレスチナのキリスト者が、イエス・キリストを占領下に暮らすパレスチナ人として認識し始めたときでした。イエスは解放者であると同時に、抵抗と解放のパラダイム、模範として見られるようになり始めたのです。

パレスチナ解放の神学の出現以来、一連の重要なキリスト教組織が西岸地区、ことにベツレヘム地域で結成され、そのそれぞれが正義と解放の働きに重要な貢献をすることになりました。

〈カイロス・パレスチナ〉

正義と非暴力の道に沿った五番目の重要な要素は、二〇〇九年一二月に発表された「カイロス・パレスチナ」文書(3)に表現されています。この文書の作成に携わった人々――司教・主教・監督、聖職、男女の信徒――はパレスチナのさまざまな教会に所属していたことから、教派を超えてエキュメニカルに作成された文書と言えます。それは、権力に対して真実を語り、この地のすべての人々にとっての正義と平和の可能性を証《あか》しする真のパレスチナ人キリスト者の声なのです。

この文書起草の主たる功績は、文書作成グループの非常に活動的なメンバーであったエルサレムの退職ラテン大司教ミケル・サバーに帰せられるものです。

「カイロス・パレスチナ」文書は、パレスチナ、イスラエル、そして諸外国のグループに率直かつ大胆に次のように語っています。

1　パレスチナのキリスト者へ――「キリスト者のすべての兄弟姉妹に対するわれわれの言葉は希望と忍耐と不動、そしてよりよい未来のための新しい行動の言葉である。(……)われわれは神に希望を置く。(……)同時にわれわれは神と神のご意志に沿って、建設し、悪に抗い、正義と平和の日を近づけるために行動し続ける」(第五項一)。

2　ムスリムへ――「ムスリムに対するわれわれのメッセージは、愛と共生のメッセージであり、狂信と過激主義を拒否する呼びかけである。また、世界に対しても呼びかける。ムスリムは決して、彼らを敵とする固定観念で見られるべきでも、テロリストとして戯画化して描かれるべきでもなく、むしろ平和の内に共に生き、対話を続ける相手として見られるべきである」（第五項四・一）。

3　ユダヤ人へ――「近年われわれは互いに争ってきたし、今日もなお争っているが、われわれは互いに愛し共に生きることができる。われわれの政治生活は込み入っているが、占領を終え、正義を確立して後、この愛と愛の力によって政治生活を整えることができる」（第五項四・二）。

4　世界の教会へ――「われわれの言葉は（……）第一に、言葉と行いとわれわれの間における存在によってあなたがたが示してくれた連帯に対する感謝の言葉である。また、パレスチナ人の自決権を支持してくれた多くの教会とキリスト者に対する賞賛の言葉でもある。それは、法と正義を擁護したために苦難を被ってきたキリスト者と教会に対する連帯のメッセージでもある。（……）今日、教会の兄弟姉妹に対するわれわれの質問は、われわれが自由を取り戻すのを援助することができるかということである。というのは、それだけが二つの民が正義と平和、安全と愛を達成するのを助ける道だからである」（第六項一）。

5　国際社会へ――「われわれは市民団体と宗教団体が提案してきたこと（……）つまりイスラエルに対する経済制裁と不買運動のシステムを開始するという提案に対する応答を呼びかける。われわれはこれが決して報復ではなく、イスラエルによるパレスチナ占領を終わらせる正義に基づく明確な平和に到達し、（……）すべての人々にとっての安全と平和を保証するための真剣な行動であることを繰り返し明らかにする」（第七項）。

「サビール・センター」とその友人たち

以上を背景として、改めて「サビール・エキュメニカル解放の神学センター」の誕生について振り返り、詳しく述べることにしましょう。パレスチナ解放の神学が生まれたのは、一九八七年の第一次インティファーダの余波の中でした。このインティファーダは押しとどめることができず、数年間にわたって燃え広がり、ついにイスラエル政府はパレスチナ解放機構（PLO）をパレスチナ人の唯一正統の代表として承認しました。それに引き続いて一九九三年にはオスロ合意が調印されました。大半のパレスチナ人は、占領は間もなく終わり、パレスチナ国家が生まれるものと期待していました。しかし、この高揚した気分が過ぎ去ったとき、占領はさらに深く私たちの地に爪を食い込ませていたことが分かったのです。

一九八九年の『正義、ただ正義のみ――パレスチナ解放の神学』の出版は、出現したばかりのパレスチナ解放の神学運動に弾みをつけました。一九九〇年に聖ジョージ大聖堂で、サミール・カフィティ主教の主催によってこの本の出版記念会が開かれ、エルサレムのモザイクのようなキリスト教会を代表する多くの人々が演壇に立ちました。この運動と、この運動が正義と平和の達成になし得る貢献に対する興奮と希望に満ちた期待の雰囲気が満ちあふれていました。

同時に、私たちは自分たちの弱さと前途にある巨大な課題を自覚していました。実際そこでは、もっと積極的に関わろうという決意と、私たち自身の協働と活力が感じられていました。私たちには、聖霊が導いてくれる先を見極めるための時間が必要でした。その間に、私たちは聖書研究を行って、聖書と実際に起こっている事柄との関連性に人々の目を開かせ、講演会や学びと組織化のためのワークショップを開き、神が私たちの将来の歩みを導いてくださるのを待ちました。パレスチナ解放の神学運動がその発端から純粋にエキュメニカルなものであったと強調するのは重要です。正義と非暴力の力を学び、その証人になろうとしているパレスチナ人キリスト者にキリストが聖霊の息を吹きかけられていると、私たちは信じました。

私たちは正しい道を歩んでいるという深い確信がありました。人々の反応は私たちを励ますものであり、私たちは神の祝福を経験し、感じ取っていました。それでもなお、私たちはこの新しい働きを引き続き発展させることが神のご意志であるかどうかについて、より一層明確にし、確証することが必要でした。

同時に、パレスチナ人とイスラエル人だけでなく、世界中の人々にパレスチナ解放の神学を紹介することになる国際会議の計画が進行中でした。一九九〇年三月に、ベツレヘム近くのタントゥール・エキュメニカル研究所〔訳注〕で小さな会議が開かれました。アメリカ合衆国からのローズマリー・ラドフォード・リューサー博士やマーク・エリス博士を含む世界中の神学者が招かれました。アイルランドや南アフリカ、フィリピン、ジンバブエ、スリランカからの参加者に加えて、地元のパレスチナ人男女がおよそ四〇人参加しました。

ベツレヘム付近の丘の上にあるローマ・カトリックのエキュメニカル・センター。聖地を訪問する世界のキリスト者をさまざまな分野でサポートしている。

こうした見極めの期間に、生まれたばかりの運動は単に「パレスチナ解放の神学」と呼ばれていましたが、活動を組織していた少数の人々は、この運動に名前を付ける時期が来ていると感じるようになりました。数多くの名称が提案されましたが、「サビール」という名前が浮かぶまではどれもピンときませんでした。

アラビア語の「サビール」には二つの意味があります。第一に「道」という意味で、それはキリスト者である私たちにはイエス・キリストは道であり、真理であり、命であるということを思い起こさせてくれます。さらに、エルサレムにおいてイエス・キリストに従った初期の人々がかつて「この道に従う者」と呼ばれていたことが分かったとき、この名前は一層わくわくするものになりました。過激なユダヤ教徒であったタルソスのサウル（後の使徒パウロ）は自分の宗教的熱意を示そうとして、エルサレムとそれ以外においてイエスに従う者を迫害し始めました。「サウロは（……）大祭司のところへ行き、ダマスコの諸会堂あての手紙を求めた。それは、この道に従う者を見つけ出したら、男女を問わず縛り上げ、エルサレムに連行するためであった」（使徒言行録九・一―二。一八・二五参照）。これが「道」についての最初の言及であり、それをアラビア語に翻訳すると「サビール」となるのです。

第二の意味は、「生きた水の泉」です。これもまた、「渇いている人はだれでも、わたしのところに来て飲みなさい。わたしを信じる者は、聖書に書いてあるとおり、その人の内から生きた水が川となって流れ出るようになる」（ヨハネ七・三七―三八）というキリストの言葉を彷彿とさせます。

私たちすべてにとって、「サビール」は旅の途上にある民の運動です。私たちは正義と平和を求めてこの道を歩んでいます。私たちの旅には、キリスト者だけでなく他の信仰を持つ人々――ムスリムやユダヤ人――、そして信仰を持たない人々も加わっています。私たちはみな、イスラエルによるパレスチナ領土の不法な占領を終わらせ、イスラエル国家と並んでパレスチナ国家を設立するという同じ目的を共有しています。そうすれば、パレスチナとイスラエルのすべての人々にとっての正義と確かな平和が成し遂げられるからです。「サビール」という名称は一九九三年に採用されました。最初の理事会は、さまざまな教派の男女の聖職・信徒で構成されました。

〈サビール友の会〉

さまざまな国際的サビール友の会（IFOS／International Friends of Sabeel）が、教育や広報、会議の開催、連帯のための訪問、パートナー同士のプロジェクト、財政支援を通じてサビールの働きを支援するために組織されました。地域的なグループ（非公式ですが、「支部」と呼ばれています）が世界中で友人たちのネットワークを生み出すために設立され、サビールと協働して、国際法に基づく正義と持続的平和をもたらすために活動しています。

それらはすべて、一九九六年一月二二日から二九日まで東エルサレムＹＭＣＡで開かれた第二回国際サビール会議の後に始まりました。この会議のテーマは「キリスト者にとってのエルサレムの意義、エルサレムにとってのキリスト者の意義」でした。会議の後、私はアメリカ合衆国から参加したベッツィ・バーロウと英国からのジャン・デイヴィーズと会って、彼らがそれぞれの国でサビール友の会（FOS／Friends of Sabeel）を組織してサビールを一歩前進させるつもりがあるかどうかを尋ねました。そして彼らは同意したのです。私たちは共に必要とされるガイドラインについて論議し、以下の四つの簡単なガイドラインについて合意しました。

1　サビール運動は、主流派教会の内部から開始される必要がある。
2　サビール運動は、エキュメニカルで超教派でなければならない。
3　参加者は、この地のすべての人々にとっての正義と平和に献身しなければならない。
4　この運動は、非暴力に徹しなければならない。

それ以来、世界中で一連のグループが結成されました。次に記すのは、各々のグループ（支部）についての簡単な紹介です。結成の時期の早い順に取り上げています。たいていの「友の会」では、すべての人々にとっての正義と解放に献身している男女のボランティアによって困難な働きが担われています。

〈北米サビール友の会〉

一九九六年に、アメリカのキリスト者グループは聖地における不正義を直接的に見聞し、パレスチナの不法な軍事占領に対するアメリカの支持について深く学んだ後に、パレスチナ問題を取り上げ、自国のキリスト者と教会指導者に知らせ、アメリカ政府の中東政策を変えさせるという野心的な目的を持つ運動を築き上げようと決心しました。これが北米サビール友の会（FOSNA／Friends of Sabeel North America）の始まりです。一九九六年から二〇〇〇年にかけて、諸教会での草の根の学びを通じて、イスラエルの軍事占領におけるアメリカの役割に気づかせる上で大きな成果を挙げました。

その時以来、FOSNAは多数の地域会議を開き、教会内外の何千という人々に実態を知らせ、正義への情熱によって人々を行動へと動かしました。二〇一五年には「子どもの投獄反対・G4Sをやめさせろ」（No Child Behind Bars/Drop G4S）という全米的なキャンペーンを組織しました。G4Sというのは、世界最大の警備保障会社で、パレスチナの子どもたちの拘留と虐待から利益を得、共謀して国際法を犯しているのです。[4] FOSNAはその運動の先頭に立ち、G4Sの犯罪行為を突き止めて暴露し、「地方自治体における投資引き揚げを実現する指針」を展開して現地のグループが自分たちの共同体におけるG4Sの活動を突き止める一助としました。FOSNAは自分たちの礎であり、錨であり、岩である解放者キリストを固く信じ、サビールの働きを前に進めると誓っています。

〈英国サビール友の会〉

英国サビール友の会（Friends of Sabeel UK）は一九九六年に始まり、諸教会のエキュメニカルなネットワークと英国におけるその他の組織と共に、活動を続けています。この会はエルサレムのサビール神学センターを支援し、聖地におけるキリスト者共同体を生活と証言の両面で支持し励ますと共に、聖地におけるキリスト者に関する英国内の意識を高め、彼らとの結びつきを強めることに献身しています。この会の努力は、現在のところ次の点に集中しています。

1　英国の青年キリスト者という次世代に働きかけること。

2　諸教会に現状を知らせ、学びを深めてもらうこと。

3　巡礼と会議を主催し、人々にパレスチナの現実に触れてもらうこと。

〈カナダ・サビール友の会〉

一九九七年一一月に、サビールの理事の一人セダール・デュアイビスは、占領地への訪問を終えようとしていたカナダ聖公会オタワ教区のあるグループとエルサレムで面会しました。経験を分かち合った後、セダールは「では、皆さんは真実を知ったのだから、これからどうなさいますか」と質問しました。これがカナダ・サビール友の会（CFOS／Canadian Friends of Sabeel）の発端でした。一か月後、そのグループのメンバーであったオタワ教区主教ジョン・ベイクロフトはベツレヘムにおける彼の経験についてクリスマスイブに説教を行いました。オタワの主要紙は「主教がイスラエルの悪事を叩く」という見出しの下に報道し、それはイスラエルの圧力団体とカナダ・ユダヤ人会議を含む圧力団体からの幅広い批判を浴びました。しかし、ベイクロフト主教は断固として動かず、聖地における平和と正義についての会議をオタワで開くことを決意します。その時以来、CFOSは各種のプログラムとプロジェクトを通じて、実情を知らせる活動に携わってきました。二〇〇八年にCFOSはサビールと協力して、ナクバ写真展の六〇周年記念版を作成しました。最近では「真のキリスト者巡礼」というコンセプトを打ち出し、さらに教会の聖地巡礼のやり方を変える「真のキリスト者巡礼」の日程を公認するようになりました。

〈スカンジナビア・サビール友の会〉

デンマークとノルウェー、スウェーデンの人々を結集したスカンジナビア・サビール友の会(Friends of Sabeel in Scandinavia) は二〇〇一年五月に結成されました。その目的はエルサレムのサビールと、正義に基づく平和を求め、占領を終わらせるエキュメニカルな働きを支援することにあります。スカンジナビア・サビール友の会は、行動し、セミナーやワークショップを開き、体験訪問を手配し、実情を知らせる活動に参加し、サビールの国際的な会議に参加することによって、ノルウェーとスウェーデンでそれぞれ独立して活動してきました。はじめの頃は、デンマークにもサビールのグループが存在していました。二〇一六年に私たちは正式にスウェーデン・サビール友の会（FOSS／Friends of Sabeel Sweden）とノルウェー・サビール友の会を発足させました。実際に、最近の数年間はこのようにして私たちは活動してきたのです。もちろん、デンマークの人々もそれに加わることを歓迎します。この友の会の活動で重要なのは、「来て、見なさい――行って、告げなさい」ということを強調し、エルサレムのサビール主催の体験訪問に参加するように人々を促している点です。青年たちがエルサレムで開かれる青年会議に出席することができるように補助を利用することもできます。そしてそのような活動の結果、スウェーデン・サビール青年友の会が生まれました。

〈ノルウェー・サビール友の会〉

ノルウェー・サビール友の会（FoSN／Friends of Sabeel Norway）は二〇〇一年に、スウェーデンに本拠を持つスカンジナビア・サビール友の会の傘下に結成されました。聖地における正義に基づく平和のための闘いが進むと、FoSNは抑圧されている人々の側に立ち、正義のために働き、平和を築く機会を求めることによって、パレスチナのキリスト者の兄弟姉妹の声を代弁・拡大することを目的とするようになりました。その働きで重要なのは、神学的諸問題を正義の諸問題と結合している点です。それはセミナーやワークショップ、新聞の論説、諸教会と教会関連の諸団体の間での正義の問題に関する対話を通じて成し遂げられています。

〈オーストラリア・サビール友の会〉

オーストラリア・サビール友の会（FOS－AU／Friends of Sabeel Australia）は、一九九〇年代初頭に東エルサレムの聖公会で働いていたレイ・バラクラフの提唱によって、二〇〇三年八月に結成されました。この会は自らをエルサレムのサビール解放の神学センターのためのエキュメニカルな支援グループであると見なしています。その目的は以下の五点です。

1　サビールおよびパレスチナ人キリスト者のビジョンと熱望、活動についてのオーストラリアのキリスト者の認識を高めること。
2　パレスチナ人の生活の実情についての情報を広めること。
3　サビールの出版物『コーナーストーン』（*Cornerstone*「隅の親石」）を会員と支持者に配布すること。
4　サビール主催の国際会議への出席を促すこと。
5　パレスチナの人々の熱望と経験に関して、オーストラリアの公的な論議や政策立案への適切な発言を行うように努めること。

〈アイルランド・サビール友の会〉

アイルランド・サビール友の会（Friends of Sabeel Ireland）は、二〇〇三年にダブリンで、ナイム司祭と、彼の経験に耳を傾け、サビールの目的を支援するために何ができるかを見定めたいと願っていた地元の聖職・信徒とが会合した結果発足しました。

〈オランダ・サビール友の会〉

オランダでは、プロテスタント教会のある部署が、聖地におけるパレスチナ人キリスト者の状況について人々に注意を喚起するためにワークショップを開くという準備作業を行い、それに引き続いて、二〇〇七年にオランダ・サビール友の会（Friends of Sabeel The Netherland）が設立されました。そのビジョンは、非暴力でパレスチナとイスラエルの人々にとっての正義に基づく平和のために働き、和解を促すことによって、サビールの働きを支援することにあります。このビジョンは、全国的・地域的な会議の主催や、カイロス・パレスチナなどの平和と正義グループとのプロジェクト共催、『コーナーストーン』などの刊行物の配布、および「来て、見なさい」と題した毎年のスタディ・ツアーの開催などのさまざまな活動を通じて実現されています。

〈ドイツ・サビール友の会〉

ドイツ・サビール友の会（Friend of Sabeel Germany）は、パレスチナ・エルサレム訪問の機会にナイム司祭と直接出会った結果、二〇〇七年に結成されました。ドイツ・サビール友の会はさまざまな活動によって、パレスチナとイスラエルにとっての正義と平和に深く関わっています。この会は、他の団体と協力して、講演会やイベントを開催し、イスラエル・パレスチナ紛争の根本的な原因と現在の諸問題について教会出席者やより広範な人々に知らせ、双方にとっての正義ある平和を呼びかけています。会員は少なくとも年に三回会合を持ち、情報を交換し、活動を計画し、神学的・政治的考察を深めています。

〈フランス・サビール友の会〉

フランス・サビール友の会（Friends of Sabeel France）は公式には二〇一〇年に、ジルベール・シャルボニエの提唱で結成されました。シャルボニエはパレスチナとイスラエルにおけるエキュメニカルな「同伴プログラム」（Accompaniment Programme）で奉仕している間に、二〇〇四年にサビールを知るようになり、エルサレムで開かれた「キリスト教シオニズムにチャレンジする」というサビールの国際会議にも参加しました。彼は解放の神学に関心を抱き始め、彼自身の発見と経験をフランスの諸教会のキリスト者と分かち合う必要性を確信したのです。このグループの現在の主な目的の一つは、イスラエル・パレスチナ問題の重要性について教会の信徒と指導者の意識を高めることです。それには二つのレベルが含まれます。一つは、前もって決められた聖書箇所を読むことを止めて、意識的・無意識的なキリスト教シオニストの読み方と対決することであり、もう一つは、今日パレスチナの人々が直面している現実と課題を伝えるサビール・エルサレムから発信される情報を広めることです。

第10章 二十一世紀の信仰と行動の核心

パレスチナ解放の神学とは何か

本書を締めくくるに当たって、私たちの信仰生活にとってパレスチナ解放の神学がどのような本質的指針を提起しているか、その一部を再度考えてみましょう。

1　パレスチナ解放の神学は、「コンテクストの神学」です。それはパレスチナの状況すなわちコンテクストと生の状況を真剣に取り上げ、具体的なコンテクストに直接に取り組みます。パレスチナ解放の神学は、神が私たちに何をするように望んでおられるか、そして私たちがイスラエル・パレスチナにおける不正義にいかに対応すべきかという問いに答えようとします。

2　それは「解放の神学」です。私たちは、イスラエル国家による抑圧と、パレスチナの土地の不当で不法な占領から、パレスチナの人々を解放すると共に、イスラエルのユダヤ人をパレスチナ人抑圧という罪から解放することを求めます。その目的は、被抑圧者と抑圧者の双方を解放することにあります。この神学の根本的諸原則は、パレスチナのコンテクストを超えて、不正義と抑圧に苦しんでいる他のコンテクストの人々にとっても有益です。

3　それは「草の根の神学」です。この神学は、現地の共同体による聖書研究において、信仰の目を通してイスラエル・パレスチナの状況を考える中から生まれてきたものです。

4　それは「包括的神学」です。この神学は、人々の人間性を奪い、服属させる排他的な神概念を拒否します。それは、国家の法律が国際法に合致することを要求します。

5　それは「エキュメニカルな神学」です。〔「教派間の対話に基づく一致と協力」を意味する」「エキュメニカル」という言葉は、特にキリスト教会について用いられ、すべての教派のすべてのキリスト者を包含します。

6　それは「宗教間対話の神学」です。この神学は、キリスト者を対象にするだけでなく、その他の諸宗教の人々をも対象とします。それは、私たちが神の世界に生きているという前提に基づいています。神は万人の創造主であり、神の愛と配慮は万人を包摂します。私たちはみな、神が創造された同じ人類家族のメンバーなのです。私たちは、愛のうちに、またすべての人類の尊厳を尊重する中で、互いに交わり、互いに仕え合い、すべての人々にとっての正義と平和のために共に働くことを追求します。

7　それは「人道主義の神学」であり、すべての人々、特に貧しく抑圧されている人々、周縁化され、不利な条件を押しつけられている人々の尊厳を擁護し、尊重します。

8　それは「非暴力の神学」です。イエスは正しい者にも正しくない者にも雨を降らせる神について語りました。イエスは、私たちが神の子となりたければ、平和を実現するために働かなければならないと言いました。彼は、人々が残酷で抑圧的な占領下で暮らしている状況の下で平和を実現する働きについて語りました。彼は、敵を愛し、自分を迫害する者のために祈ることを人々に教えました。

9　それは「預言者的神学」であり、信仰深いキリスト者が権力に対して大胆に真理を語るように迫ります。イスラエルによる不法な占領下で暮らすパレスチナの人々の状況は、不正義と抑圧という悪に対して預言者的に語ることを聖職者と信徒を含む教会に求めています。

10　それはキリスト者にとっては「キリスト論的神学」であり、イエス・キリストが信仰の規範でありパラダイムでもあります。また、キリストこそが、私たちが真の神の言葉を見極めるのを助ける指針であり、解釈基準なのです。

神の言葉

たいていのキリスト者は子どもの頃から、聖書は神の言葉であると教えられています。しかし、パレスチナを巡る紛争によって、私たちの聖書の読み方と理解が根本的に変化したことを強調することは重要です。率直に言って、多くの人々にとって聖書が占めている聖なる地位そのものが、神を暴力的に描いているテキストによって、疑問視されているのです。先に指摘したように、それらのテキストの大半は、神についての部族的で排他的な理解を反映したものであり、それらはその後の預言者の記述によって批判され、拒否されています。そのようなテキストは私たちにしてみれば、いかなる神の言葉をも含んでいません。それらは、キリストの心や精神を反映するものではありません。愛という解釈基準を適用するならば、それらのテキストは試験に不合格となります。すでに見たように、それらのテキストは旧約聖書自体の中で批判され、変容されています。それらは私たちにとって何の価値もないものです。したがって、私たちはもはや単に聖書は神の言葉であると言うことはできません。私たちはもはや、そのような全面肯定論を述べることはできないのです。神は今もなお、聖書テキストのかなりの部分を通じて私たちに語りかけておられますが、イエス・キリストこそが決定的な解釈基準にならなければなりません。

私たちは教会における聖書朗読の後に「これは主の言葉です」と言うときには、極めて注意深くなければなりません。その聖書箇所がキリストの来臨によって時代遅れになり、場合によってはすでにヘブライ語聖書の中でその後の記述預言者たちによって批判されているような排他的神学を反映していることがあるのです(1)。説教者がそのようなテキストに基づいて説教するのでない限り、それらを教会で朗読することは相応しくありません。聖書箇所を読む前に、牧師や司祭、教役者は次のように自問しなければなりません。この朗読箇所はイエス・キリストにおいて私たちに示された神のみ心と愛を反映しているだろうか、と。控えめに言って、ためにならない朗読箇所を読んだ後に会衆が「神に感謝します」と言うのを聞くのは気詰まりなものです。聖職者は、キリストと新約聖書の精神に合致しない章節を省く勇気を持つ必要があります。

神学的に言って、真正な神の言葉はイエス・キリストであって、聖書ではないということを心に留めることは重要です。それは肉となったみ言葉です。パンを裂くみ姿のうちに私たちに現れ、私たちを養い、新たにして下さるのはキリストなのです。

パレスチナ・イスラエル紛争を解決するための三つの不可欠な柱

パレスチナ解放の神学の視点からは、真の平和の達成のために実現されるべき三つの不可欠な要素があります。それは、正義と平和と和解です。この順序は重要です。中には最初の二つの順序を逆にする者もいます。実際、軍部の人々は、正義に先だって平和が必要だと言っています。そのような順序では、平和は軍事力を通じて押しつけられ、破壊と荒廃を後に残すことになります。その結果は真の平和ではありません。それは多くの苦しみと恨みを残す脆い平和です。永続的な最善の平和は、国際法によって理解され、明確にされている正義に基づく平和です。

正義がなされると、平和が生まれます。正義の果実が平和なのです。しかし、平和が最終目的なのではありません。目的は和解と赦しです。癒しを達成するには、不正義と差別、抑圧の諸結果を解消することが重要です。和解と赦しが、真の平和を達成するための究極的条件です。すべての人がこの目標に到達することはできないかもしれませんが、それができる人が増えれば増えるほど、この国の安全と福利を大きく感じられるようになります。

宗教的信仰の核心

〈隣人とは誰か〉

信仰の核心は神と隣人を愛することだと言うのは、表面的にはたやすいことです。イエスの時代には、神とは誰であるかは明確だと人々は考えていました。徹底した唯一神論がユダヤ人の間ではすでに確立していました。まだ漠然としていたのは、隣人とは誰であるかという問題でした〔第七章参照〕。

善いサマリア人（ルカ一〇・三〇－三七）の譬え話に見られるように、イエスは隣人の概念を拡大し、単に同族、すなわち同胞であるユダヤ人を意味するだけでなく、すべての人々を含むものとし、さらに山上の説教（マタイ五・四三－四八）においては、敵をさえ愛するようにラジカルに命じられました。それ以来、少なくともキリスト者には、隣人とは誰かという問題が生じるときには、イエスご自身という源泉からの明確で信頼できる答えが与えられてきました。私たちの明確な答えが必ずしも他者に対する正しい態度と正しい行動を保証するものではないことは明らかですが、イエスの道に従う者であれば、少なくとも隣人とは誰で、隣人に対してどのように行動すべきかということには、いささかの曖昧さも存在していません。

〈私たちの神とは誰か〉

二十一世紀においては、中東や世界の至るところで宗教的原理主義と過激主義が急激に台頭してきたために、神とは誰かという根本的な問題を再検討する必要が生じてきました。この現象は、ユダヤ教、キリスト教、そしてイスラム教という三大宗教の内部に存在しています。十戒の第一戒は、神はひとりであり、私たちは心を尽くし、精神を尽くし、思いを尽くし、力を尽くして神を愛さなければならないと教えていますが、神の本質と性質については何も語っていません。

歴史全体を通じて、三つの一神教信仰を奉じる宗教的人間が神の名において忌まわしい残虐行為を犯してきたことを私たちは知っています。人々は神の名において、また自分たちの聖典の一部についての狭隘な解釈の結果、他者――時には自分たちと同じ宗教の人々を含めて――を否定し、抑圧し、殺害してきました。

私たちの神は、暴力と戦争の神なのでしょうか。私たちの神は報復と復讐の神なのでしょうか。キリスト教の歴史には（例えば、異端審問や十字軍において、アイルランドや南アフリカにおいて、アメリカ合衆国のクー・クラックス・クランにおいて）、歪められた神のイメージの結果、犯された人類に対する犯罪行為の実例があふれています。イスラムにおいてはＩＳＩＳ（イスラム国）が、今まさに犯されている言語を絶する犯罪につながる神のイメージの歪曲の極端な一例です。それは同じイスラム教を信じる人々に対してさえ向けられているのです。イスラエル／パレスチナにおいては、宗教的入植者が抱いている神のイメージが、正義に基づく包括的な解決の妨げになっています。これらに照らして見るとき、私たちは神とは誰かと問わざるを得ないのです。

本質的には、宗教的過激主義者は、どの宗教に属していようと、同じです。彼らは同じメンタリティと思考傾向を持っているのです。彼らはよそ者を憎悪し、他者を軽蔑し、自分たちの宗教の優越性と例外性を信じています。

これらの三宗教はいずれも同じ一人の神を信じているのですから、各々の信徒は自分たちが信じる神の最大の特質は何かと自問しなければなりません。これらの信仰の各々が、何が神を喜ばせ、何が神に嫌われるかを突き止めるための解釈基準を定めることができるのではないでしょうか。

もちろん、限られた能力しか持たない私たち人間が神を理解できると考えるのは傲慢です。しかし、少なくとも、信じ、信頼している神の性質と性格を理解する必要があります。

律法の専門家が「私の隣人とは誰ですか」と尋ねたとき、イエスは善いサマリア人の譬え話(ルカ一〇・二五－三七)を示しました。同様に、私たちがイエスに向かって「神について、神とはどなたであるかについて教えてください」と尋ねれば、放蕩息子の譬え話をするのです。


また、イエスは言われた。「ある人に息子が二人いた。弟の方が父親に、『お父さん、わたしが頂くことになっている財産の分け前をください』と言った。それで、父親は財産を二人に分けてやった。何日もたたないうちに、下の息子は全部を金に換えて、遠い国に旅立ち、そこで放蕩の限りを尽くして、財産を無駄使いしてしまった。何もかも使い果たしたとき、その地方にひどい飢饉が起こって、彼は食べるにも困り始めた。それで、その地方に住むある人のところに身を寄せたところ、その人は彼を畑にやって豚の世話をさせた。彼は豚の食べるいなご豆を食べてでも腹を満たしたかったが、食べ物をくれる人はだれもいなかった。そこで、彼は我に返って言った。『父のところでは、あんなに大勢の雇い人に、有り余るほどパンがあるのに、わたしはここで飢え死にしそうだ。ここをたち、父のところに行って言おう。「お父さん、わたしは天に対しても、またお父さんに対しても罪を犯しました。もう息子と呼ばれる資格はありません。雇い人の一人にしてください」と』。そして、彼はそこをたち、父親のもとに行った。ところが、まだ遠く離れていたのに、父親は息子を見つけて、憐れに思い、走り寄って首を抱き、接吻した。息子は言った。『お父さん、わたしは天に対しても、またお父さんに対しても罪を犯しました。もう息子と呼ばれる資格はありません』。しかし、父親は僕たちに言った。『急いでいちばん良い服を持って来て、この子に着せ、手に指輪をはめてやり、足に履物を履かせなさい。それから、肥えた子牛を連れて来て屠りなさい。食べて祝おう。この息子は、死んでいたのに生き返り、いなくなっていたのに見つかったからだ』。そして、祝宴を始めた。

ところで、兄の方は畑にいたが、家の近くに来ると、音楽や踊りのざわめきが聞こえてきた。そこで、僕の一人を呼んで、これはいったい何事かと尋ねた。僕は言った。『弟さんが帰って来られました。無事な姿で迎えたというので、お父上が肥えた子牛を屠られたのです』。兄は怒って家に入ろうとはせず、父親が出て来てなだめた。しかし、兄は父親に言った。『このとおり、わたしは何年もお父さんに仕えています。言いつけに背いたことは一度もありません。それなのに、わたしが友達と宴会をするために、子山羊一匹すらくれなかったではありませんか。ところが、あなたのあの息子が、娼婦どもと一緒にあなたの身上を食いつぶして帰って来ると、肥えた子牛を屠っておやりになる』。すると、父親は言った。『子よ、お前はいつもわたしと一緒にいる。わたしのものは全部お前のものだ。だが、お前のあの弟は死んでいたのに生き返った。いなくなっていたのに見つかったのだ。祝宴を開いて楽しみ喜ぶのは当たり前ではないか』」。（ルカ一五・一一－三二）

この話は伝統的には放蕩息子の譬え話と呼ばれていますが、実はこれはよい父親の譬え話なのです。この物語の父親のように、神はすべての子を等しく、無条件に愛する愛にあふれた親なのです。私たちが迷ったときでさえ、神の愛が私たちを故郷へ連れ戻し、帰郷したときには神の慈愛が私たちを包み込みます。愛こそが神の本質的な性質です。

私たちが神にいかなる属性を帰するときにも、私たちが神の名において取るいかなる行動も、神の愛がその判断をするための解釈基準となるのです。「神は愛です。愛にとどまる人は、神の内にとどまり、神もその人の内にとどまってくださいます」（Ⅰヨハネ四・一六b）。そして、このことが隣人に対する愛と密接に結びついています。

「神を愛している」と言いながら兄弟を憎む者がいれば、それは偽り者です。目に見える兄弟を愛さない者は、目に見えない神を愛することができません。神を愛する人は、兄弟をも愛すべきです。これが、神から受けた掟です。（Ⅰヨハネ四・二〇－二一）

宗教的な律法や掟、戒律の背後に、神についての概念が現れているのは確かです。キリスト者にとっては、イエス・キリストが神の本質と性質を示して下さいました。キリストが解釈基準であり、それによって私たちは何が神を喜ばせ、何が神に嫌われるかを突き止めることができます。私たちが日ごとの生活において示さなければならない愛と信仰、慈愛と慈悲のパラダイムとしてイエス・キリストを見ているのです。

〈解釈の鍵〉

ですから、究極的な解釈の鍵は、神の愛と隣人に対する愛です。この鍵こそが、聖書のいかなる章句も判断するのです。それは聖書の読者が、聖書の章句が私たちにとって神の言葉であるのかないのかを見極めるのを助けてくれます。神についての私たちの見方は、私たちの隣人に対する見方を決定づけます。もしも私たちの神が愛と慈愛の神であれば、私たちは隣人とそのような仕方で関わります。もしも私たちの神に対する見方が暴力と復讐の神であれば、それは私たちと隣人の関係にそのような色彩を与えるのです。両者は不可分に結びついています。

神の愛と隣人に対する愛という解釈の鍵は互いに切り離しがたく働いて、私たちの日ごとの生活にとってのキリストの精神を決定する助けとなり、私たちが神との関係で、また同胞である人類の兄弟姉妹との関係で結ぶことができる正しく真正な関係とは何であるかを見極める助けとなります。この解釈の鍵は、私たちが難問に立ち向かうとき、生活のあらゆる節目で用いるために携えていなければならない不可欠な道具です。私たちはその用い方を身に着けなければなりません。私たちは若い世代がそれを用いるのを助けなければなりません。それは最大限の可能性を発揮して人生を生きるための処方箋なのです。

〈正義に代わるものはない〉

正義は聖書においてよく用いられる言葉で、二〇〇〇回以上も言及されています。ケン・ウィツマはこう書いています。

正義は神の性格に根拠を持っている。それは神による創造によって打ち立てられ、神の戒律によって命じられ、神の国において現存し、神の愛に動機づけられ、イエスの教えにおいて確証され、イエスの模範の中に反映され、今日聖霊によって突き動かされ導かれるすべての人々によって実行されている。[2]

真の愛が存在するとき、正義がなされます。正義がなされるとき、愛が存在します。また、真理と正義は相互に関連しています。前者は地上の今日の現実と関係し、後者は物事のあるべき姿を強調します。私たち信仰者は、真理と正義の双方に深く関わらなければなりません。私たちは、イスラエルの軍と警察、さらには入植地の住民を通じてイスラエル政府が犯しているパレスチナの人々に対する抑圧と不正義についての事実を文書として提示する必要があります。

他方で、私たちは常に、この地のすべての人々のために、醜く不正義な現在を正義に基づく実り豊かな未来へと変革するのに必要な預言者的正義を指し示さなければなりません。正義の存在こそが、安全と平和の生活への鍵なのです。

イスラエル政府がパレスチナの人々の抑圧とパレスチナ国土の占領を続ける限り、すべての信仰者、正義と平和の価値を信じるすべての人々が可能な限りの非暴力的方法と手段を用いて抵抗することは必須の事柄です。そのような抵抗は、国際法に沿って正義がなされ、パレスチナの人々が自由になるまで続けなければなりません。
極めて重要なのは、私たちが敵対者との関係で人間的道徳と品位の原則を保つことです。敵であっても私たちとパレスチナの人々に対して犯してきた不正義から離れたなら、平和のうちに共生したいと願う隣人と見なさなければならないのです。これは厳しく困難な言葉です。しかし、神が私たちに与えてくださった人間性を維持するために、その言葉を大胆に勇気を持って言わなければなりません。

〈スムードとサバート〉

「スムード」（アラビア語で「確固としていること」）は、パレスチナ人を彼らの土地から追い出そうとするイスラエルの残虐な抑圧に直面して、パレスチナの人々が揺るがず確固としているときに実践されます。
「サバート」（アラビア語で「地に足をつけること」）は、不正義にもかかわらず確固として立ち、断固とした決意を持ち、地に足をつけて根を下ろすときに実現します。「スムード」と「サバート」は交換可能に用いることができますが、「サバート」の方が、確固として地に足をつける様子をより深く表しています。[3]
パレスチナ人にとって、オリーブの木が「サバート」を象徴的に表します。そしてまさにその理由によって、オリーブの木はパレスチナのシンボルになったのです。オリーブの木は数世紀にわたって命の木として大切にされてきました。オリーブの木はどの部分も、人々の幸せに役立っています。どの部分も無駄に捨てられることはありません。オリーブの種さえも冬のために押し固められ、暖房のための燃料になります。

オリーブの木が人々に与える最も大切な贈り物がオリーブの実と油であることははっきりしています。自家製のパンと共に、オリーブは人々の命を支える食べ物になります。イスラエル軍による外出禁止令や包囲、爆撃の時には、多くのパレスチナ人がこの素晴らしい木の実を食べて生き延びたのです。

私たちはこの命の木を与えてくださった神に感謝します。オリーブの木は私たちに、ことに貧しく困窮した人々に対して神が示される恵み深い愛と配慮を思い起こさせてくれます。またオリーブの木は、不正義に抵抗し続け、祖国に根を張り、地に根を下ろす闘いを続けるパレスチナ人共同体の粘り強さを表しています。それが「サバート」なのです。

ユダヤ人の宗教的入植者とイスラエル軍は、十万本以上のオリーブの木を根こそぎにして破壊しましたが、それはパレスチナ人を根こそぎにするということをはっきりと象徴する行為でした。それでもなお、「スムード」と「サバート」によって、パレスチナ人は確固として立ち続けています。パレスチナの人々は祖国に根差しているだけでなく、信仰と正義、真理、正義、そして平和への熱望に根差しているのです。

〈私たちは神の国の僕〉

二十一世紀において神の国の僕となるためには、私たちは次のことを心に留めなければなりません。

1　信仰の源泉と常に結びつくことを忘れないこと
2　神の愛と隣人に対する愛を通して信仰を実践することを忘れないこと
3　パレスチナ人を含むすべての抑圧された人々の解放のために働くことを忘れないこと
4　非暴力の使用に徹することを忘れないこと。マーティン・ルーサー・キング・ジュニアに「手段と目的は結びついている。なぜなら、目的は手段の中に先在し、究極的には破壊的な手段は建設的な目的を実現することができないからである。(……)つまり、われわれが用いるべき手段は追求する目的と同じように純粋でなければならないのである[4]」という言葉がある
5　生活の中でキリストに倣うことを忘れないこと
6　「み国が来ますように。みこころが天に行われるとおり地にも行われますように」と祈

ることを忘れないこと
7　神の国は正義と平和であることを忘れないこと

テゼはフランスのエキュメニカルな修道共同体ですが、その礼拝の特徴は歌と、単純さと沈黙の祈りです。私たちが歌うテゼのコーラスの中に「神の国は、聖霊における正義と平和と喜び」というのがあります。このコーラスの最後の言葉を、私たちの現実の祈りとしようではありませんか。

主よ、おいで下さい。そしてわたしたちの内に、み国の門を開いて下さい。

付属資料集

サビールの目的宣言

サビールはパレスチナ人キリスト者のエキュメニカルな解放の神学運動である。この解放の神学は、イエス・キリストの生涯と教えから励ましを受け、パレスチナ人キリスト者の信仰を深め、その一致を促進し、正義と愛のために行動するように彼らを導く。サビールは、さまざまな民族と信仰共同体のために正義と平和、非暴力、解放、そして和解に基づいた霊性を培うことに努める。「サビール」という言葉は、アラビア語で「道」という意味であり、また「生きた水の泉」という意味でもある。

またサビールは、パレスチナ人キリスト者のアイデンティティと存在、その証言と、彼らの現在の諸関心事に関する一層正確な国際的認識を促進するために活動する。サビールは全世界の個人とグループを励まして、正義に基づく包括的で永続的な平和のために働くように促す。その働きは真理を学び、祈りと行動によって力づけられる。

サビールの祈り

慈しみ深く愛に満ちた神よ。あなたが私たちに惜しみなく与えてくださった数々の祝福のゆえに、あなたに感謝します。

私たちが平和の道を歩むとき、あなたが共にいて導いてくださることを感謝します。サビールと、現地と世界各地のサビールの友人たちの働きを祝福してください。サビールのエキュメニカルな宣教と宗教を超えた働き、正義の宣教をお導きください。私たちすべてに抑圧に立ち向かう勇気をお与えください。

すべての人々の間、特にパレスチナ人とイスラエル人の間の正義と平和、和解の業に対する私たちの献身的な働きを強めてください。

私たちが互いの中にあなたの像を見ることができるように助けてください。私たちに力を与えて、真理のために立ち上がり、すべての人間の尊厳を尊重することができるようにして下さい。そしてただあなただけに、栄光と誉れが今も永遠にありますように。

アーメン

サビールの国際会議と関連出版物

・第一回会議――一九九〇年三月一〇‐一七日、タントゥールにて。テーマ「パレスチナ解放神学」。関連書籍『信仰とインティファーダ』

・第二回会議――一九九六年一月二二‐二九日、東エルサレムYMCAにて。テーマ「クリスチャンにとってのエルサレムの意義、およびエルサレムにとってのクリスチャンの意義」。関連書籍『エルサレム――平和をもたらすもの』

・第三回会議――一九九八年二月一〇‐一五日、ベツレヘム大学にて。テーマ「ジュビリー（ヨベル）の挑戦――神は何を求めておられるか」。関連書籍『聖地における空疎なジュビリー――神と正義とパレスチナの人々』

・第四回会議――二〇〇一年二月二一‐二四日、エルサレムのノートルダム・センターにて。テーマ「新しい一つの人類――国内のどこに正義があるのか」。関連書籍はなし。

・第五回会議――二〇〇四年四月一四‐一八日、エルサレムのノートルダム・センターにて。テーマ「キリスト教シオニズムに挑む」。関連書籍『キリスト教シオニズムに挑む――神学、政治、そしてイスラエル・パレスチナ紛争』

・第六回会議――二〇〇六年一一月二一‐九日、エルサレムのノートルダム・センターにて。テーマ「忘れられた信仰者――聖地におけるクリスチャンの生活と証言への窓口」。会議準備のための刊行物『忘れられた信仰者の共同体』（この本のタイトルがそのまま会議のテーマとなった）。
・第七回会議——二〇〇八年一〇月一二–一九日、ナザレおよびエルサレムにて。テーマ「ナクバ——記憶と現実、それを超えて」。会議準備のための刊行物『私はそこから来た……そして覚えている』『思い出すべき時——パレスチナの町と村』
・第八回会議——二〇一一年二月二三–二八日、パレスチナのベツレヘム・ホテルにて。テーマ「帝国に挑む——神、忠実な信仰、そして抵抗」（関連書籍のタイトルは、会議のテーマをそのまま引き継いでいる）。
・第九回会議——二〇一三年一一月一九–二四日、エルサレムのノートルダム・センターにて。テーマ「聖書とパレスチナ・イスラエル紛争」（関連書籍のタイトルは、会議のテーマをそのまま引き継いでいる）。
・第十回会議——二〇一七年三月七–一三日、ベツレヘムおよびナザレにて。テーマ「解放者イエス・キリスト、あの時と今」

サビール出版物

・*Our Story: The Palestinians*, 2000（『われらが物語——パレスチナ人』）

・*Suicide Bombers*, 2003（『自爆攻撃』）
・*Principles for a Just Peace in Palestine-Israel*, 2004（『パレスチナ・イスラエルにおける正義に基づく平和のための諸原則』）
・*For He is Our Peace … and He has Broken the Dividing Wall*, 2004（『あの方こそわたしたちの平和……隔ての壁を取り壊された』）
・*A Call for Morally Responsible Investment*, 2005（『道徳的に責任ある投資の呼びかけ』）
・*Reflections in the Galilee*, 2008（『ガリラヤでの省察』）
・*Contemporary Way of the Cross*, 2017（『現代の十字架の道行き』）

『コーナーストーン』（Cornerstone）
『コーナーストーン』（「隅の親石」）は英語の季刊誌です。本誌は国内および国際的なサビールの働きを特集するだけでなく、現代の社会的・政治的出来事についての神学的省察を掲載します。フランス語の翻訳も入手できます。『コーナーストーン』の各号は www.sabeel.org で入手できます。

現代の十字架の道行き

苦難のキリストのイメージはキリスト教信仰にとって無二であり、その鍵となるものです。イエス・キリストは抑圧と拷問、処刑という肉体的・心理的痛みを経験し克服され、今日なお苦難の内にあり続ける人々にとっての偉大な希望と力の源となりました。サビールは歴史的なコンテクストと私たちパレスチナ人共同体によって経験されている日々の苦難において、キリストのメッセージを生き生きと伝えることを追求しています。私たちにとって、苦痛と痛みを伴う十字架、そして柔和、非暴力、究極的な復活というイエスの応答は、慰めと励ましのメッセージです。キリスト自身が苦難の内にある人々と一体となり、苦しみ求める人々に手を差し伸べるようにキリストに従う人々に呼びかけられたのですから、私たちも世界中のキリストにある兄弟姉妹たちに、私たちの苦しみのただ中で神を求める旅に加わるように招くのです。

祈りの波

この祈りの働きによって、国内および国外のサビールの友人たちは、この地の問題に関心を寄せて毎週祈ることができます。この祈りはサビールの支持者のネットワークに送られ、世界中の礼拝の中で、また、エルサレムにおけるサビールの木曜礼拝の中で用いられます。各々の共同体はそれぞれの時間帯で毎週木曜日の正午に祈りの中でこれらの関心を表明しますので、この「祈りの波」は世界中を覆い尽くすことになります。この祈りの働きに参加するためには、www.sabeel.org のページに入り、「pray」をクリックし、必要な情報を得て下さい〔なお、「祈りの波」は日本語でも無料配信されています。申し込み連絡先・眞野玄範宛　friends.of.sabeel.japan@gmail.com〕。

注

はじめに

（1）Naim Ateek, "A Look Back, the Way Forward," *Cornerstone* 66 (2013), 2.

第1章

（1）Leonardo Boff and Clodovis Boff, *Introducing Liberation Theology* (Maryknoll, NY: Orbis Books, 1987), 3.〔レオナルド・ボフ／クロドビス・ボフ『入門　解放の神学』大倉一郎・高橋弘訳、新教出版社、二〇〇〇年〕

（2）James H. Cone, "Preface to the 1989 Edition," in *Black Theology and Black Power* (Maryknoll, NY: Orbis Books, 1997), vii-xiv.

（3）Cone, "Introduction," *op. cit.*, 2.

（4）Stephanie Mitchem, *Introducing Womanist Theology* (Maryknoll, NY: Orbis Books, 2002).

（5）Gerald West, "The Legacy of Liberation Theology in South Africa, with an Emphasis on Biblical Hermeneutics," *Studia Historiae Ecclesiasticae*, vol. 36 (July 2010), 157-83.

（6）R. S. Tshaka and M. K. Makofane, "The Continued Relevance of Black Liberation Theology for Democratic South Africa Today," *Scriptura* (2012), 532-46.

（7）Natalie Watson, "Scripture and Tradition," in *Feminist Theology* (Grand Rapids, MI: Eerdmans, 2003), 2.

（8）シオニズムとは一八九七年にヨーロッパでテオドール・ヘルツルによって始められたユダヤ人の民族主義的政治運動で、パレスチナにユダヤ人国家を樹立し発展させることを目的としています。

（9）解釈学とは、テキスト解釈、とりわけ聖書テキストの解釈の理論と方法論のことをいいます。

第2章

（1）Harry Oster and Karl Skorecki, "The Population Genetics of the Jewish People," *Human Genetics* 132/2 (February 2013), 119-27.

（2）Bernard Anderson, *Introduction to the Old Testament* (Upper Saddle River, NJ: Pearson Prentice Hall, 2007), 185.

（3）Steven Runciman, "The Christian Arabs of Palestine," Lecture, University of Essex, UK, November 26, 1968.

（4）Naim Ateek, Cedar Duaybis, and Maruine Tobin, eds., *The Forgotten Faithful: A Window on the Life and Witness of Palestinian Christians* (Jerusalem: Sabeel Ecumenical Liberation Theology Center, 2008).

（5）Alfred Lilienthal, *The Zionist Connection: What Price Peace* (New York: Dodd, Mead and Company, 1978).

（6）Ibid., 105.

（7）Ilan Pappé, *The Ethnic Cleansing of Palestine* (London: Oneworld, 2006).〔イラン・パペ『パレスチナの民族浄化――イスラエル建国の暴力』田浪亜央江・早尾貴紀訳、法政大学出版局、二〇一七年〕

第3章

（1）この時期についてもっと詳細に扱ったものとしては Henry Cattan, *The Palestine Question* (London: Saqi Books, 2000) を参照。

（2）Cedar Duaybis, "The Threefold Nakba," *Cornerstone* 66 (2013).

（3）United Nations Relief and Works Agency for Palestine Refugees in the Near East (UNRWA), "Where We Work," http://www.unrwa.org/where-we-work/west-bank.〔近東におけるパレスチナ難民救援活動国連機関ＨＰ〕

（4）Abdel Hamid Afana, Samir Quota, and Eyad El Sarraj, "Mental Health Needs in Palestine," *Humanitarian Exchange Magazine* 28 (November 2004).

（5）*The Great Book Robbery*, Xela Films (2012).

（6）Gish Amit, "Salvage or Plunder? Israel's 'Collection' of Private Palestinian Libraries in West Jerusalem," *Journal of Palestine Studies* 40/4 (2010/11), 6-23.

（7）より正確には、残留したパレスチナ人に対してイスラエル国家が与えた最初のＩＤ（身分証明書）には、彼らの国籍を示す「パレスチナ人」という語が用いられていました。その後、それがいつの間にか、ＩＤが変更され、「パレスチナ人」という特定の言葉は、より総称的な「アラブ人」という言葉に置き換えられたのです。

（8）Or Kashti, "Education Ministry Bans Textbook That Offers Palestinian Narrative," *Haaretz* (September 27, 2010).

（9）Lidar Grave-Lazi, "Israel, Arab Politicians in Heated Debate over Teaching Nakba Narrative to Israeli Students," *Jerusalem Post*, March 29, 2015.

(10) Duaybis, "The Threefold Nakba," 10-12.

(11) Naim Ateek, *Justice and Only Justice* (Maryknoll, NY: Orbis Books, 1989), 78.

第4章

(1) *Jewish Newsletter* (New York), May 19, 1959. Marion Woolsfon, *Prophets in Babylon* (London: Faber and Faber, 1980), 13に引用。

(2) Sami Hadawi, *Bitter Harvest; Palestine 1914-67* (New York: New World Press, 1967), 14.

(3) Marc Ellis, "Beyond the Jewish-Christian Dialogue: Solidarity with the Palestinian People," *The Link* (1992).

(4) Stephen Sizer, *Christian Zionism: Road-map to Armageddon?* (UK: IVP Academic, 2006); Don Wagner, *Zionism and the Quest for Justice in the Holy Land* (Eugene, OR: Pickwick, 2014); Naim Ateek, et al., *Challenging Christian Zionism* (UK: Melisende, 2005) 参照。

(5) Naim Ateek, *A Palestinian Christian Cry for Reconciliation* (Maryknoll, NY: Orbis Books, 2008), 92-103 参照。

第5章

(1) ニケヤ信経（ニカイア＝コンスタンチノポリス信条）は明確に次のように述べています。「世々の先に父から生まれた独り子、主イエス・キリストを信じます。主は 神よりの神、光よりの光、まことの神よりのまことの神、造られず、生まれ、父と一体です。すべてのものは主によって造られました。主はわたしたち人類のため、またわたしたちを救うために天から降り、聖霊によっておとめマリヤから肉体を受け、人となり……」〔日本聖公会祈祷書より〕。

第6章

(1) キリスト教の旧約聖書は、ユダヤ人がヘブライ語聖書、あるいは単に聖書と呼ぶものと文献資料としては同じものですが、テキストの配置は異なっており、その読み方も違っています。パレスチナ人キリスト者が旧約聖書を読む上での困難さは現代イスラエル国家によって生み出されたもので、それは武力による強制的な追放と立ち退きの経験に基づいています。Ateek, *Justice and Only Justice*, chap. 4.

(2) 例としては、詩編二三編、九一編、五一編(二〇―二一節を除く)、一三九編(一九―二二節を除く)、八五編(二―七節を除く)、三四編(一七節を除く)を挙げることができます。

(3) Phyllis Trible, *Texts of Terror: Literary Feminist Reading of Biblical Narratives* (Minneapolis, MN: Fortress Press, 1984)〔フィリス・トリブル『旧約聖書の悲しみの女性たち』河野信子訳、日本基督教団出版局、一九九四年〕; Jack Nelson-Pallmeyer, *Is Religion Killing Us? Violence in the Bible and the Quran* (New York: Continuum, 2005) 参照。

(4) Richard Rohr, "The Bible: A Text in Travail," Center for Contemplation and Action, February 9, 2015.

(5) 出エジプト記二三章二三―二四節および申命記九章一―五節、二〇章一六―一八節も参照のこと。研究者の中にはこのようなテキストはずっと後代に付加されたものであり、歴史的な根拠はないと信じている人もいます。しかし、それらのテキストは、過激な入植者によって、パレスチナ人の抑圧を正当化する歴史として用いられているのです。

(6) David K. Shipler, *Arab and Jew: Wounded Spirits in a Promised Land* (New York: Times Books, 1986).

(7) Allan C. Brownfeld, "It Is Time to Confront the Exclusionary Ethnocentrism in Jewish Sacred Literature," in *Issues* (Winter 2000), 10.
(8) Ibid.
(9) Israel Shahak and Norton Mezvinsky, *Jewish Fundamentalism in Israel* (London: Pluto Press, 1999).
(10) Ayelet Shaked, Israel Minister of Justice, Facebook post, July 7, 2014.
(11) Shlomo Sand, *The Invention of the Jewish People* (London: Verso, 2009).〔シュロモー・サンド『ユダヤ人の起源』高橋武智監訳、浩気社、二〇一〇年〕
(12) Ibid., 184.
(13) Walter Brueggemann, *Chosen?* (Louisville, KY: Westminster/John Knox Press, 2015), 3, 5.
(14) David Ben-Gurion, speech, Independence Hall (May 14, 1948).
(15) Jonathan Cook, "'Visible Equality' as Confidence Trick," in *Israel and South Africa: The Many Faces of Apartheid*, ed. Ilan Pappe (London: Zed Books, 2015).
(16) 一国家解決策および二国家解決策についての詳しい論議については本書第8章参照。
(17) Naim Ateek, *A Palestinian Christian Cry for Reconciliation* (Maryknoll, NY: Orbis Books, 2008), 142-45 参照。
(18) David Leeming, *The Oxford Companion to World Mythology* (London: Oxford University Press, 2009).

第7章

(1) ヘブライ語の「シェマア」とは「聞け」という意味で、この戒めの冒頭の語です。

（2）Allan C. Brownfeld, "It Is Time to Confront the Exclusionary Ethnocentrism in Jewish Sacred Literature," in *Issues* (Winter 2000), 10.
（3）Solomon Schechter and Wilhelm Bacher, "Hillel" in *Jewish Encyclopedia*, 6 : 398.
（4）George Arthur Buttrick, *The Interpreter's Bible*, vol. 7, *New Testament Articles, Matthew, Mark* (Nashville: Abington Press, 1952), 847.
（5）あるいは「地上のすべての民が、彼によって祝福をうけるため」。
（6）Walter Brueggemann, *Chosen?* 3.
（7）何が批判されるべきかを解明する二つの現代的事例があります。アメリカ聖公会の祈祷書（*The Book of Common Prayer*, 367）にある感謝聖別祈祷Bには、「神よ、あなたが創造において示され、またイスラエルを召してあなたの民とされたこと、預言者たちを通じて私たちに語られたみ言葉、何よりも肉となられたみ言葉、み子イエスにおいて、私たちに知らせてくださった善と愛のゆえにあなたに感謝いたします」とあります。この文言の中では「イスラエルを召してあなたの民とされた」という句が目立ちます。この句は神学的に時代錯誤です。それは神々がその民を選ぶ、あるいは逆に人々がその神を選ぶということが一般的であった多神教世界での部族的神学を反映しています。そのような神学はヨナの神学のような後代の預言者神学によって旧約聖書自体の中で乗り越えられています（イザヤ一九・二五「祝福されよ／わが民エジプト／わが手の業なるアッシリア／わが嗣業なるイスラエル」も参照）。キリスト教の視点からは、「選び」がキリストに照らして再定義されているのですから、そのような句は余計であり、時代遅れなのです。この誤りは民族的・人種的系譜の問題ではなく、信仰の問題です。多くの聖職が神学的時代錯誤に気づかずに礼拝の中でこれらの言葉を繰り返し唱えているというのは信じられないほどです。もう一つの事例は洗礼式文にあります（ibid., 306）。「全能の神よ、水をお与えくださったことを感謝します。創造の始めに、聖霊は水の面を動いていました。水を通って、あなたはイスラエルの子らをエジプトでの奴隷の身分から導き出し、約束の地に導き入れてくださいました」。その最後の文はどんな価値があるのでしょうか。研究者の中には、果たしてそれは本当に起こったのかを疑い、神学的には馬鹿げており、霊的に人々を啓発するものではないと考えている人もいます。なぜそれが含まれているのでしょうか。

(8) Ateek, *Palestinian Christian Cry for Reconciliation*, 60.

(9) Church of Scotland, "The Inheritance of Abraham? A Report on the 'Promised Land,'" rev. version (May 17, 2013), 9.

第8章

(1) ジョナサン・クックは、イスラエルには人々が選ぶことができる民族的帰属先は一三〇あると書いています。Jonathan Cook, "'Visible Equality' as Confidence Trick."

(2) Robert A. H. Cohen, "Settlement Boycotts—Calling Time on the Hypocrisy of Our Jewish Leadership," *Writing from the Edge* blog (September 16, 2016).

(3) Ibid.

(4) これらの基本的権利は Kairos Palestine, "A Moment of Truth: A Word of Faith, Hope, and Love from the Heart of Palestine Suffering" (2009) の中で述べられています。これはしばしば「カイロス文書」とも呼ばれていますが、筆者はこの文書を作成した一五人のパレスチナ人キリスト者の一人です。

(5) ベニヤミン・ネタニヤフは最近、「国家マイナス（国家未満）」という形でこのことを提唱していますが、それは常にイスラエル国家の既定の立場だったのです。Barak Ravid, "Netanyahu ahead

of Trump Phone Call: I Am Willing to Give Palestinians a 'State-minus,'" *Haaretz* (January 22, 2017).

（6） Reuters, "Palestinians Win Implicit UN Recognition of Sovereign State" (November 29, 2012).

（7） イスラエル中央人口統計局。

（8） Thomas à Kempis, *The Imitation of Christ*, chap. 25.

第9章

（1） Ian Lustick, *Arabs in the Jewish State* (Austin University of Texas Press, 1980).

（2） Elias Chacour and David Hazard, *Blood Brothers* (Grand Rapids, MI: Chosen Books, 2003), 73-83. 初版は一九八四年刊。

（3） Kairos Palestine, "A Moment of Truth: A Word of Faith, Hope, and Love from the Heart of Palestine Suffering" (2009). これは「カイロス文書」とも呼ばれている。

（4） ＦＯＳＮＡの発表によれば、警備保障会社Ｇ４Ｓはパレスチナの子どもの拘留と拷問を含むパレスチナ人の人権侵害に共謀していることへの非難が広がる中で、二〇一六年一一月にイスラエルにおける事業の大半を売却しました。

第10章

（1） 実際に、時には朗読者が「これは主の言葉ではありません」と言い、その後に会衆が「神に感謝します」と応答しなければならないこともあります。これは詩編の一部にも当てはまります（例えば、詩編八三、九四、一三七編）。

（2） Ken Wytsma, *Pursuing Justice* (Nashville: Thomas Nelson, 2013).

（3）ヨハネ一五・一―一二参照。

（4）Alex Ayres, ed., *The Wisdom of Martin Luther King, Jr.* (New York: Meridian, 1993), 150-51.

○パレスチナ関係略年表○

一八九四・一〇　ドレフュス事件発生
フランス陸軍のユダヤ人将校ドレフュス大尉、ドイツへの軍事機密漏洩の容疑で逮捕。ハンガリー生まれのユダヤ人記者テオドール・ヘルツルはこの事件取材で反ユダヤ主義に強い衝撃を受け、一八九六年に『ユダヤ人国家』を出版、パレスチナにユダヤ人国家樹立構想を発表。

一八九七・八・二九　第1回シオニスト会議
ヘルツルが中心となりスイスのバーゼルで開催。世界中からユダヤ人二〇〇人が参加。目標を「ユダヤ人が国際法に守られた郷土をパレスチナに建設する」と定める。

一九一五・一〇　フサイン・マクマホン協定
イギリス軍高等弁務官ヘンリー・マクマホンとメッカの太守フサイン・イブン・アリ、往復書簡により「アラブ民族を糾合してオスマン・トルコに反乱を起こせば、代償として戦後にフサインを当主とするアラブ王国を約束する」ことを合意。この時アラブ軍を統率したのが「アラビアのローレンス」ことイギリス軍将校T・E・ローレンスである。

一九一六・五・一六　サイクス・ピコ条約
英・仏両国にロシアが加わって、中東の分割統治を決定。現在のシリア、レバノンなど中東の北部をフランスが、現在のイラクやヨルダンなど中東の南部をイギリスが統治した（サイクスとはイギリスの政治家、ピコとはフランスの外交官の名前）。

一九一七・一一・二　バルフォア宣言

イギリス外相バルフォア、ユダヤ系の貴族ロスチャイルド宛書簡の中で、パレスチナにユダヤ人の「民族の故郷」を建設することを約束。

一九四七・一一・二九　国連パレスチナ分割決議

ユダヤ人とアラブ人（パレスチナ人）それぞれの建国のため、土地を分割することを決議。当時ユダヤ人の土地所有は全土の七％であったが、国連案ではユダヤ人国家に五領域の五六％が割り当てられ、取り分が激減したためアラブ側は国連案を拒否。

一九四八・五・一四　イスラエル共和国建国宣言、ベングリオン首相就任

一九四八・五・一五－一九四九・二　第一次中東戦争

七〇万人のパレスチナ難民が発生。パレスチナ側はこれを「ナクバ（大惨事）」と呼んだ。

一九五六・一〇・二九－一九五七・三　第二次中東戦争

一九六七・六・五　第三次中東戦争（六日戦争）

イスラエルが東エルサレム、ゴラン高原、シナイ半島ほかを占領。三〇万人の難民が発生。この戦争によりイスラエルの圧倒的な軍事力保持が実証され、アラブ民族主義は求心力を失い、イスラム原理主義が台頭するようになったといわれる。

一九六七・一一・二二　国連安全保障理事会（国連安保理）決議二四二号

第三次中東戦争の戦後処理のため採択された決議。（1）イスラエルの占領地からの撤退。（2）交戦状態の終結。すべての国の主権、領土不可侵、政治的独立等の尊重。（3）難民問題の公正な解決。

一九六九・二・四　アラファト、PLO議長就任

一九七九・三・二六　エジプトとイスラエル、和平条約に調印

一九八七・一二・九　**ヨルダン川西岸・ガザで第一次インティファーダ（民衆暴動）**

一九九三・九　**オスロ合意（パレスチナ暫定自治合意）**

ノルウェーのオスロで行われた秘密交渉。イスラエルとPLOが暫定自治宣言に合意し、イスラエルのラビン首相とPLOのアラファト議長がホワイトハウスで調印。（1）暫定自治機構の設立。ヨルダン川西岸・ガザ地区での暫定自治、（2）国連安保理決議二四二号および三三八号（イスラエルの占領地からの撤退）に基づくパレスチナの最終的な地位交渉、（3）暫定自治開始三年以内にエルサレムの帰属、パレスチナ難民、入植地や国境問題を含むパレスチナ最終地位交渉開始。

一九九四・五　**パレスチナ暫定自治政府発足**

二〇〇〇・九・二八　**第二次インティファーダ**

二〇〇二　**イスラエル、「分離壁」建設開始**

ヨルダン川西岸の占領地で高さ八メートルの壁の建設が開始された。完成すれば総延長は七〇〇キロメートル（ほぼ東京−岡山間）といわれる。

二〇〇三・四・三〇　**アメリカ、新中東和平構想「ロードマップ」発表**

二〇〇五年までにイスラエル・パレスチナ紛争を最終的かつ包括的に終結させることを目標に定めたもの。第一段階（二〇〇三年五月まで）、テロと暴力の停止、パレスチナの市民生活の正常化、パレスチナの制度構築。第二段階（二〇〇三年六月−一二月）、新憲法に基づき、暫定領土と主権国としての性格を備えたパレスチナ独立国家創設。第三段階（二〇〇四−二〇〇五年）恒久的地位協定とイスラエル・パレスチナ紛争の終結。

二〇〇四・一一・一一　**アラファトPLO議長死去**

二〇〇五・一・九　パレスチナ自治政府長官にアッバス就任（同一一月議長就任）
二〇〇六・一・九　ハマス、パレスチナ自治評議会選挙で圧勝
二〇〇八・一二　イスラエル、ガザ地区を爆撃、多数の死者を出す
二〇一二・一一・一九
　国連総会、パレスチナが持つ国連の参加資格を「オブザーバー機構」から「オブザーバー国家」に格上げする決議案を賛成多数で採択。
二〇一七・三・二九
　アラブ連盟首脳会議、イスラエルと将来のパレスチナ国家の「二か国共存」を支持し、和平達成の期限を設けた上での中東和平交渉の再開を求める共同宣言を採択。共同宣言は二〇〇二年の「アラブ和平イニシアチブ」方針を再確認し、二国家共存に基づく和平がアラブ世界の戦略的選択であることを確認。
二〇一七・三・三〇
　イスラエル政府、占領地のヨルダン川西岸ラマラ北方に新たな入植地を決定（新規入植地は二〇年以上建設してこなかった。イスラエルが進める占領地への入植は国際法違反とされている）。パレスチナ側はこの決定に強く反発。
二〇一八・五・一四
　アメリカ、在イスラエル大使館をエルサレムに移転。ガザで抗議デモ発生。
二〇一八・七・一九　イスラエル、「ユダヤ人国家法」可決

（作成・吉松英美）

訳者あとがき

本書は Naim Stifan Ateek, *A Palestinian Theology of Liberation: The Bible, Justice, and the Palestine–Israel Conflict*, Orbis Books, Maryknoll, New York, 2017 の日本語訳です。本書の重要な特徴はシオニストによる軍事占領と故郷からの追放という「ナクバ」を直接体験したパレスチナ人キリスト者によって書かれた「証言」であるということです。本書はアティーク師の子どものころの痛ましい思い出から始まっています。「ナクバ」の体験はアティーク師の思想と活動の原点となっているのです。シオニストの攻撃はムスリムであろうとキリスト者であろうと、無差別にパレスチナの人々に襲いかかりました。パレスチナのキリスト者にとって衝撃的で絶望的だったのは欧米のキリスト教会の大半が「聖書に記された預言の実現」という見地からイスラエルのパレスチナ占領と民族浄化政策を支持したことです。

本書はパレスチナのキリスト者とは何者かを歴史的に遡って明らかにし、さらに、欧米キリスト教に色濃く残っている「イスラエル選民」思想を分析して批判しています。旧約聖書における神学思想の発展を解明し、そこにある排他的・人種差別的・好戦的神理解を、旧約聖書自体を用いて批判しているのです。さらに、著者は包括主義的神理解を対置し、正義に基づく平和の確立を訴えています。闘いの手段は決して武力に訴えない「非暴力抵抗」です。本書の全編をていねいに読んでいくことで、日本のキリスト者もまた、聖書の読み方の根本的転換を迫られるように思います。

訳者は二〇一五年二月末に日本聖公会大阪教区からの「大西主教と共に行く新しい聖地旅行」の一員として、パレスチナ（西岸地区）および東エルサレムを訪問しました。これはイスラエル政府公認の旅行社を通じて手配される「聖地旅行」とは根本的に異なり、エキュメニカル解放の神学センター「サビール」に依頼してパレスチナの人々とキリスト者と直に出会い、その現実を見つめるという趣旨で「新しい聖地旅行」と名付けられたものです。東京教区「エルサレム教区協働委員会」が同じ趣旨で積み重ねてきた経験に学び、大阪教区として初めて計画した聖地旅行でした。旅行の中でパレスチナ人キリスト者と出会い、ナザレの聖公会の教会ではともに礼拝を献げ、聖餐に与り、エルサレムでは首座主教スヘイル・ダワニ主教とも面会できました。「サビール」の施設も訪問し、本書の著者ナイム・アティーク司祭と出会うこともできたのです。出会ったパレスチナのキリスト者がみな指摘するのは、イスラエル公認の「聖地旅行」では「死んだ石」を見ることができるが、決して「生きた石」を見ることができないということでした。「死んだ石」というのは、いわゆる聖地の遺跡のことです。「生きた石」とはパレスチナの地で生活し、呻吟するパレスチナの人々のことを意味しています（ペトロの手紙一・二章四―五節参照）。

訪問前から、訳者はパレスチナの現状とその本質についての知識はある程度持っていたものの、現実に見聞きするパレスチナ人の惨状は想像を超えるものでした。至るところに立ちはだかる高さ八メートルの分離壁、通行するパレスチナ人を厳しく検問するチェックポイント、少年であっても、少しでも抵抗の意思を行動で表明すると直ちに収監される少年刑務所、完全武装で安全装置を解除した状態で銃を構えるイスラエル兵などは、まさに軍事占領の実態を嫌というほど鮮明に私たちに教えたのです。また全旅行日程を手配・随行してくれた「サビール」のオマール・ハラミ氏の口から出る彼自身の「ナクバ」の体験は、私たちの腑を抉《えぐ》るものでした。そして、軍事占領下のパレスチナで人々が置かれている惨状が世界に、特に世界のキリスト者に正しく知られていないことに改めて驚き、極めて悔しい思いがしました。そこには、「イスラエルは選ばれた神の民」という固定観念と、ホロコーストを引き起こしたことに対するキリスト教世界の自責の念が介在し、それがシオニストの宣伝と結びついて、キリスト者の目を曇らせているという事実があります。ホロコーストと呼ばれるユダヤ人迫害がヨーロッパで起こったことは歴史的悲劇であり、その根底にある反ユダヤ主義の形成にキリスト教が深く関わっていることは否定できません。そのことに対する悔悟の念から、また国家的利害も関わって、欧米キリスト教はイスラエル建国を歓迎したのですが、それはユダヤ人迫害には何の責任もないパレスチナ人の犠牲の上に成り立った出来事であることを、欧米キリスト者は（そして日本のキリスト者も）理解していません。パレスチナ人が見えていないのです。アティーク師は、本書において、これらの神学的・イデオロギー的諸問題をその根源にまで遡って検討し、パレスチナにおける新しい「解放の神学」の展望を打ち出しています。

イスラエル国家を支える「シオニズム」イデオロギーをここまで力づけたのは欧米キリスト教であることを考えると、その伝統に連なる者として強い自責の念と、何かをしなければならないという思いが湧いてきます。また、宗教者以外の人々が純粋のパレスチナ人の苦悩を分ち合い、連帯するために現実に支援活動に携わっていることに深い敬意を覚えるものです。

エルサレム・中東聖公会（The Episcopal Church in Jerusalem and the Middle East）について簡単に説明します。アティーク師は「サビール・エキュメニカル解放の神学センター」の創設に中心的役割を果たしましたが、所属するエルサレム・中東聖公会、とくにエルサレム教区は「サビール」に物心両面で支援を続けてきました。中東における聖公会の存在は、一八四一年にエルサレムに主教座が設けられたことに始まります。当初はプロシアの福音主義教会（ルター派）と共同の主教座でしたが、一八八一年にこの協働関係が解消されてからは、聖公会単独の主教座として存続してきました。その後、イングランド教会（英国聖公会）のさまざまな宣教団体から宣教師が派遣されてきました。当初は英国の国益とも結びついて現地の人々との間に摩擦を引き起こしましたが、比較的早期にパレスチナ人社会に根を下ろし、パレスチナ人・アラブ人の聖職が増加し、宣教・牧会の任に当たりました。中東教会協議会（ＭＥＣＣ）が編纂した『中東キリスト教の歴史』（村山盛忠・小田原緑訳、日本基督教団出版局、一九九三年）に「東方教会、とくにオーソドックス教会グループの再生に手を貸すことに関心を持っていた英国国教会はその中では例外的な存在であった」（三一二頁）とあるように、聖公会は長い歴史を持つ現地の東方諸教会との良好な関係を築くことに成功しました。一九二〇年にエルサレム教区とは別個にエジプトおよびスーダン教区が形成され、一九五七年にはエルサレム教区が大主教区に昇格したことによって、現在の管区に当たる地域（キプロス、湾岸地域、エジプト、北アフリカ、アフリカの角、イラン、エルサレム、ヨルダン、シリア、レバノン、およびスーダン）を管轄するようになりました（スーダン聖公会は後に独立）。

現在のエルサレム教区は、シリア、レバノン、イスラエル、パレスチナ、ヨルダンを含み、東エルサレムの聖ジョージ大聖堂をはじめとして二二の教会を擁し、一三の学校、九つの老人・子ども・障がい者の福祉施設、三つの病院などを運営しています。現地の長い歴史を持つ東方諸教会、ローマ・カトリック、ギリシャ正教、ルター派教会などとのエキュメニカルな関係を保ちつつ、抑圧下にあるパレスチナ人、なかでも女性や子ども、病者、障がい者など弱い立場に置かれている人々に奉仕し、励まし、力づける活動を展開しています。

現在日本聖公会においては、植田仁太郎主教（元東京教区主教・二〇〇四年エルサレム教区訪問）、神崎雄二司祭（同教区）の呼びかけに応じて信徒たちが立ち上げた「サラーム・パレスチナ」（二〇〇四年発足。同教区正義と平和協議会加盟、エルサレム教区協働委員会終了後主体となる）が、パレスチナの人々に寄り添う聖地旅行を企画・実行するなどパレスチナの人々に連帯する活動をしています。大阪教区でも「大阪パレスチナの会」として、NPO「パレスチナ子どものキャンペーン」、NGO「パレスチナの平和を考える会」（事務局長・役重善洋氏）や、三〇年にわたりパレスチナ連帯運動を担ってこられた日本キリスト教団牧師村山盛忠師とつながる仲間たちがいます。そして、著者アティーク師の働きを私たちに紹介し、エルサレム・パレスチナの現状や課題を伝えるためにサビールから発信される「祈りの波」を毎週日本語に訳して配信している眞野玄範司祭（横浜教区）がいます。本書については、サビールの働きに敬意をもった宮脇博子氏（東京教区元宣教主事）から、アティーク師の人生の集大成ともいうべきこの本を多くの方々が読めるように、日本語にして欲しいという願いが私のもとへ届けられ、眞野司祭が日本語版出版の了解を得るための道筋をつけてくださいました。この日本語版出版には、パレスチナに連帯する多くの仲間の思いがこめられています。

二〇一八年に入って、米国のトランプ政権は国際的な合意を踏みにじって、イスラエルが（テル・アヴィヴでなく）エルサレムを首都とすることを是認し、エルサレムに米国大使館を移転することを表明し、五月一四日には大使館移転の式典まで行いました。この日は一九四八年にナクバが起こった日であり、トランプ政権の行為はパレスチナの人々の怒りに油を注ぎました。ガザ地区を含むパレスチナ全域で大規模な抗議行動が起こり、イスラエル軍による弾圧で多数の犠牲者が出たことは記憶に新しいところです。私は二〇一八年春から本書の翻訳を手がけていましたが、このような緊迫した情勢の報道を見聞きして、一日も早く本書を日本の皆さんに読んでいただきたいとの思いに駆られ、夏には素訳を完了することができました。なお、聖書の日本語訳は基本的に日本聖書協会の「新共同訳」を用いました。本書の刊行を実現してくださった教文館社長の渡部満氏に心から感謝申し上げます。また同出版部の倉澤智子氏ならびに、本書の刊行にさまざまな形で支援をして下さった皆様にも謝意を表します。

二〇一八年一〇月

岩城　聰

索　引

か

さ

た

な

は

ま

や

ら

わ

《著者・訳者紹介》

ナイム・スティファン・アティーク（Naim Stifan Ateek）

エルサレム・中東聖公会司祭。1937年パレスチナ・ベイサン生まれ。1948年イスラエルによるベイサン占領で家族と共に難民としてナザレに移住。1998年エルサレムでNPO「サビール・エキュメニカル解放の神学センター」を設立。パレスチナおよび世界のキリスト者に、パレスチナ人と連帯してパレスチナにおける正義と平和を得るための活動を呼びかけている。

「サビール・エキュメニカル解放の神学センター」URL：http://sabeel.org/

著書 *Justice & Only Justice: A Palestinian Theology of Liberation*, Orbis Books, 1989; *Palestinian Christian Cry*, Orbis Books, 2008; *Faith and the Intifada: Palestinian Christian Voices*, Orbis Books, 1992

岩城　聰（いわき・あきら）

日本聖公会大阪教区退職司祭。1946年生まれ。京都大学文学部哲学科卒業（宗教学専攻）、同大学大学院文学研究科博士後期課程単位取得退学（キリスト教学専修）、ウイリアムス神学館特別聴講課程修了。司祭として司牧するかたわら、プール学院チャプレンのほか、神学教理委員、正義と平和委員など日本聖公会管区諸委員を歴任。現在、ウィリアムス神学館教授。

著書 『聖公会の教会問答』（聖公会出版、2013）

訳書 マーク・チャップマン『聖公会物語——英国国教会から世界へ』（監訳、かんよう出版、2013）、デイヴィッド・L. ホームズ『アメリカ聖公会小史』（かんよう出版、2018）ほか多数。

サビールの祈り　——パレスチナ解放の神学

2019年 1月20日　初版発行
2019年11月20日　2刷発行

訳　者　岩城　聰
発行者　渡部　満
発行所　株式会社　教文館
〒104-0061 東京都中央区銀座4-5-1
電話 03(3561)5549　FAX 03(3250)5107
URL　http://www.kyobunkwan.co.jp/publishing/

印刷所　モリモト印刷株式会社
配給元　日キ販　〒162-0814 東京都新宿区新小川町9-1
電話 03(3260)5670　FAX 03(3260)5637

ISBN　978-4-7642-6738-1　　Printed in Japan